COMPACT
Aktives Lernen

SYNONYME ENGLISCH

schnell kapiert

Compact Verlag

Chefredaktion: Ilse Hell
Redaktion: Jacqueline Louise Cottrell, Karina Partsch
Redaktionsassistenz: Katharina Eska, Stefanie Sommer
Produktionsleitung: Gunther Jaich
Umschlaggestaltung: Inga Koch
ISBN 3-8174-7161-0
7371611

Besuchen Sie uns im Internet: www.compactverlag.de

Einleitung

Um eine Fremdsprache korrekt zu beherrschen, braucht man nicht nur eine große Wortschatzvielfalt; man muss das „Gemeinte“ auch auf den richtigen Punkt bringen können. Mit seinen über 4000 Synonymen, Übersetzungen, Beispielsätzen, Redewendungen und Erläuterungen ermöglicht es „Synonyme Englisch – schnell kapiert“ dem Lernenden, sich in jeder Situation genau und treffend auszudrücken.

Eine übersichtliche Gliederung von A–Z erleichtert das schnelle Auffinden des gesuchten Begriffs. Durch einfaches Nachschlagen findet man auf einen Blick die wichtigsten bedeutungsgleichen und bedeutungsähnlichen Wörter zu einem Begriff. Dabei richtet sich die Reihenfolge der Synonyme nach der Häufigkeit ihrer Anwendung im alltäglichen Sprachgebrauch.

Alle Synonyme, Beispielsätze und Redewendungen werden mit deutscher Übersetzung angegeben. Wörter, die zum Grundwortschatz gehören, sind rot hervorgehoben. Zusätzliche wichtige Informationen zu einzelnen Begriffen findet man in den übersichtlichen Hinweiskästen.

„Synonyme Englisch – schnell kapiert“ eignet sich durch seine anwenderfreundliche Aufteilung sowohl zum Nachschlagen als auch zum systematischen Lernen bedeutungsgleicher und bedeutungsähnlicher Begriffe und stellt somit eine unentbehrliche Hilfe für alle Lernenden dar, die ihre Englischkenntnisse erweitern und vertiefen wollen.

Abkürzungen

adj	Adjektiv
adv	Adverb
BE	britisches Englisch
conj	Konjunktion
GRAMM	Grammatik
ECO	Wirtschaft
fam	umgangssprachlich
FIN	Finanzwelt
jdm	jemandem
jmd	jemand
jdn	jemanden
JUR	Recht
LIT	Literatur
MED	Medizin
o.s.	oneself
POL	Politik
prep	Präposition
sb	Substantiv
s.o.	someone
sth	something
SPORT	Sport
TECH	Technik
TEL	Telekommunikation
THEAT	Theater
US	amerikanisches Englisch

A

ability

1. capability *(Fähigkeit)*
2. competence *(Kompetenz)*
3. skill *(Fertigkeit, Geschick)*
4. talent *(Begabung)*
5. gift *(Gabe)*

◄ Hinweis

Skill bezeichnet eine bestimmte (oft handwerkliche) *Fertigkeit*, **capability** bezieht sich auf eine *Fähigkeit*, **talent** und **gift** sind *Begabungen* und **competence** bedeutet, dass man fähig ist, etwas zu tun.

able

1. capable *(fähig)*
2. competent *(kompetent)*
3. skilled *(geschickt)*

about

1. approximately *(ungefähr, circa)*
2. around *(herum, umher)*
3. more or less *(ungefähr)*
4. concerning, regarding *(bezüglich, hinsichtlich)*
5. nearly *(beinahe)*

above

1. *prep* over *(über)*
2. *adv* overhead *(oben)*

absent

1. absent-minded *(geistesabwesend)*
2. missing *(fehlend)*
3. gone *(weg)*

◄ Hinweis

Bei Namenslisten ist **absent** das Gegenteil von '**present**'; **missing** bedeutet auch *vermisst*, **gone** bedeutet, dass jemand im Moment nicht da ist.

absolute

1. utter *(völlig)*
2. complete *(vollkommen)*
3. total *(uneingeschränkt)*
4. entire *(ganz, völlig)*

to accept

1. receive *(entgegennehmen)*
2. believe *(glauben, hinnehmen)*
3. take *(annehmen)*
4. agree with *(zustimmen)*
5. put up with *(hinnehmen)*

accident
1. crash *(Zusammenstoß)*
2. chance, coincidence *(Zufall, Zusammenkommen)*
3. mishap *(Missgeschick)*

to accompany
go with *(begleiten)*

account
1. bill *(Rechnung)*
2. report *(Bericht)*
3. description *(Beschreibung)*
4. consideration *(Betracht)*
to take sth into consideration *etw in Betracht ziehen*

on my account
because of me

across
1. over *(über)*
2. through *(quer durch)*

to act
1. behave *(sich verhalten)*
2. perform *(schauspielen – im Theater, Film)*
3. function *(funktionieren)*
4. take action *(handeln)*
5. carry out *(durchführen)*

Hinweis ▶

Behave bezieht sich auf das Benehmen, **function**, **take action** und **carry out** auf das Durchführen alltäglicher Handlungen, **perform** und **play** auf darstellende Künste.

acting
deputy *(stellvertretend)*

action
1. deed *(Handlung)*
2. activity *(Aktivität)*
3. operation *(Betrieb)*
4. legal proceedings, *US* lawsuit *(Prozess, Verfahren)*

active
1. lively *(lebhaft)*
2. busy *(beschäftigt)*
3. involved *(involviert, eingebunden)*
She's very involved in charity work. *Sie ist in ehrenamtlichen Tätigkeiten eingebunden.*

Hinweis ▶

In den USA bezeichnet **busy** eine *besetzte Telefonleitung*.

activity
1. action *(Aktivität)*
2. bustle *(Treiben)*
3. pastime *(Zeitvertreib)*

actor
performer *(Künstler, Darsteller)*

actual
1. real *(tatsächlich)*
2. true *(eigentlich)*

to add
1. contribute *(beitragen)*
2. insert *(einfügen)*
3. supplement *(ergänzen)*
4. total *(zusammenzählen)*

to admire
1. honour *(verehren)*
2. look up to s.o. *(zu jdm aufsehen)*
3. respect *(respektieren)*

admission
1. entry *(Zutritt)*
2. confession *(Geständnis)*

to admit
1. say *(sagen)*
2. confess *(gestehen)*
3. acknowledge *(eingestehen)*
4. let in *(hereinlassen)*

no admittance
no entry *(Zutritt verboten)*

to advance
1. progress *(vorankommen)*
2. improve *(besser werden)*
3. further *(fördern)*
4. lend *(leihen)*

advance
1. progress *(Fortschritt)*
2. loan *(Vorschuss)*

advantage
1. privilege *(Privileg)*
2. benefit *(Nutzen)*
3. use *(Nutzen)*
to use s.o. *jmd ausnützen*
4. *fam* edge *(Vorteil)*

adventure
1. experience *(Erlebnis)*
2. venture *(Unterfangen)*

to advertise

1. publicise *(bekannt machen)*
2. promote *(werben für)*

advertisement

1. small ad *(Kleinanzeige)*
2. commercial *(Werbespot)*
3. advertising *(Werbung, Reklame)*
4. publicity *(Publicity, Reklame)*

advice

1. counsel, guidance *(Beratung)*
2. suggestion *(Vorschlag)*
3. recommendation *(Empfehlung)*
4. tip *(Ratschlag)*
   give s.o. a tip *jdm einen Ratschlag geben/jmd Trinkgeld geben*

to advise

1. recommend *(empfehlen)*
2. suggest *(vorschlagen)*

afraid

1. frightened *(erschrocken)*
2. scared *(beängstigt)*
3. anxious *(besorgt)*
4. terrified *(verängstigt)*

Hinweis ►

Anxious und **afraid** sind in der Ausdrucksstärke schwächer als **scared** oder **frightened** – am stärksten ist **terrified**.

to agree

1. approve *(billigen)*
2. consent *(einwilligen)*
3. concur *(übereinstimmen)*
4. tally *(sich decken)*

agreement

1. understanding *(Abmachung)*
2. arrangement *(Übereinkunft)*
3. contract *(Vertrag)*
4. treaty *(Abkommen)*
5. consent *(Zustimmung)*
6. deal *(Abkommen)*
   It's a deal! *Abgemacht!*

Hinweis ►

Arrangement und **understanding** werden im Allgemeinen verwendet, **deal** wird hauptsächlich in finanziellen Kontexten verwendet; **contract** und **treaty** sind juristische Begriffe.

aim

1. goal *(Ziel)*
2. target *(Ziel, Zielscheibe)*
3. objective *(Ziel, Zielvorstellung)*

to aim

1. intend *(vorhaben)*
2. strive *(anstreben)*

all

1. whole *(ganz)*
2. complete *(vollständig)*
3. everything *(alles)*
4. everybody, everyone *(alle)*

to allow

1. permit *(erlauben)*
2. let *(lassen)*

◄ Hinweis

Let bedeutet *lassen,* im Sinne von *erlauben*. Es bedeutet aber auch *vermieten*.

almost

1. nearly *(beinahe)*
2. just about *(fast)*

also

1. too *(auch)*
2. as well *(auch)*

although

(even) though *(obwohl)*

always

1. constantly *(ständig)*
2. forever *(für immer)*
3. for good *(für immer)*

amount

1. quantity *(Menge)*
2. sum *(Summe)*
3. number *(Anzahl)*

amusement

1. entertainment *(Unterhaltung)*
2. pleasure *(Vergnügen)*
3. fun *(Spaß)*

ancient

1. old *(alt)*
2. antique *(antik)*

◄ Hinweis

Ancient Rome *Antikes Rom.* **Old** kann im weiteren Sinne verstanden werden, **antique** bezieht sich auf Möbel.

angry
1. cross, *US* mad *(böse, sauer)*
2. irritated *(gereizt)*
3. annoyed *(geärgert)*
4. furious *(wütend)*
5. enraged *(verärgert)*

to annoy
1. irritate *(ärgern)*
2. pester *(belästigen)*
3. infuriate *(rasend machen)*
4. bother *(belästigen)*
5. disturb *(stören)*
6. *fam* bug *(nerven)*

to answer
1. reply *(antworten)*
2. respond *(erwidern)*

anybody
1. anyone *(irgendjemand)*
2. somebody *(irgendjemand)*
3. someone *(irgendjemand)*

Hinweis ►

Anybody oder **anyone** sagt man in der Regel in negativen Sätzen und Fragen. **Someone** oder **somebody** benutzt man für bejahende Sätze.

apartment
1. flat *(Wohnung)*
2. room *(Raum)*

to appear
1. seem *(scheinen)*
2. look *(aussehen)*
3. turn up *(auftauchen)*
4. arrive *(ankommen)*

appearance
1. impression *(Eindruck)*
2. figure *(Gestalt)*
3. arrival *(Ankunft)*
4. look *(Aussehen)*

application
1. request *(Gesuch)*
2. use *(Verwendung)*

to apply
1. use *(verwenden)*
2. put on, place *(auftragen)*
3. be valid, relevant *(gelten, zutreffen)*

appointment

1. date *(Verabredung)*
2. arrangement *(Vereinbarung)*
3. employment *(Anstellung)*
4. post *(Stelle)*

◄ **Hinweis**

Im amerikanischen Englisch bezieht sich **date** auf generelle *Verabredungen,* in Großbritannien hauptsächlich auf Rendezvous'.

to approve

1. agree *(zustimmen)*
2. consent to *(billigen)*
3. endorse *(billigen)*

area

1. district *(Gegend)*
2. neighbourhood *(Nachbarschaft)*
3. region *(geografisches Gebiet)*
4. vicinity *(Umgebung)*

to argue

1. discuss *(diskutieren)*
2. quarrel *(sich streiten)*
3. reason *(argumentieren)*

around

1. about *(ungefähr)*
2. approximately *(circa)*
3. through *(durch)*
4. near *(in der Nähe)*

to arrange

1. organise *(organisieren)*
2. order *(anordnen)*
3. agree to *(zustimmen)*
4. settle *(vereinbaren, abmachen)*
5. set up *(aufstellen)*

to arrive

1. get to *(ankommen in)*
2. reach *(gelangen)*

article

1. thing *(Ding)*
2. object *(Gegenstand)*
3. item *(Stück, Sache)*
4. story *(Bericht)*
5. *JUR* paragraph *(Artikel)*

to ask

1. request *(bitten)*
2. enquire, inquire *(sich erkundigen)*

3. demand *(verlangen)*
4. invite *(einladen)*

to attach
1. fasten *(befestigen)*
2. join *(zusammenfügen)*
3. connect *(verbinden)*
4. enclose *(beilegen)*

to attack
1. mug *(überfallen)*
2. criticise *(kritisieren)*
3. assault *(angreifen)*

to attempt
try *(versuchen)*

to attend
1. visit *(besuchen)*
2. be present *(anwesend sein)*
3. go to *(gehen zu)*

attention
1. attentiveness *(Zuvorkommenheit)*
2. concentration *(Konzentration)*

attractive
1. appealing *(anziehend)*
2. charming *(reizvoll)*
3. pretty *(hübsch)*
4. good-looking *(gut aussehend)*

autumn
US fall

available
obtainable *(erhältlich)*

average
1. ordinary *(durchschnittlich)*
2. mediocre *(mittelmäßig)*

to avoid
1. evade *(sich entziehen, ausweichen)*
2. skirt *(umgehen)*

aware
conscious *(bewusst)*

away
1. absent *(abwesend)*
2. gone *(weg)*

awful
1. terrible *(furchtbar)*
2. dreadful *(schrecklich)*
3. horrible *(fürchterlich)*

B

support *(unterstützen)*	**to back**

1. unpleasant *(unangenehm)*   **bad**
2. (für Kinder) naughty *(unartig)*
3. nasty *(übel)*
4. immoral *(unmoralisch)*
5. rotten *(verfault)*

1. sack *(Sack)*   **bag**
2. *US* purse *(Handtasche)*

luggage *(Gepäck)*   **baggage**

1. shore *(Fluss-, See- oder Meeresufer)*   **bank**
2. building society *(Bausparkasse)*

naked, nude *(nackt)*   **bare**

1. deal *(Geschäft)*   **bargain**
2. special offer *(Sonderangebot)*

1. foundation *(Fundament)*   **base**
2. headquarters *(Stützpunkt)*

shore *(Ufer)*   **beach**

1. carry *(tragen)*   **to bear**
2. stand *(aushalten)*
3. put up with *(sich abfinden mit)*
4. cope with *(fertig werden mit)*
5. tolerate *(dulden, tolerieren)*
6. endure *(ertragen)*
7. support *(tragen)*

1. hit *(schlagen)*   **to beat**
2. slap *(ohrfeigen)*
3. defeat *(besiegen)*

1. lovely *(schön)*   **beautiful**
2. pretty *(hübsch – für eine Frau)*
3. handsome *(gut aussehend – für einen Mann)*
4. good-looking *(gut aussehend)*

because — 1. since, as *(da)*
2. for *(weil)*

to become — 1. get *(werden)*
I'm getting tired. *Ich werde müde.*
2. turn
3. go *(werden)*

beer — 1. ale *(Bier)*
2. bitter *(Bitterbier)*
3. lager *(Lagerbier)*

before — 1. *prep* prior to *(vor)*
Prior to her marriage *vor ihrer Ehe*
2. in front of *(vor)*

to begin — 1. start *(anfangen)*
2. commence *(beginnen)*
The film will ~ at 8 p.m. *Der Film beginnt um 20 Uhr.*

beginning — 1. start *(Anfang)*
2. commencement *(Beginn)*
3. origin *(Entstehung)*
4. inception *(Anfang)*

to behave — act *(sich verhalten)*

behaviour — 1. conduct *(Verhalten)*
2. comportment *(Benehmen)*

belief — 1. conviction *(Überzeugung)*
2. faith *(religiöse Überzeugung, Vertrauen)*
3. opinion *(Meinung)*
4. view *(Ansicht)*
5. confidence *(Vertrauen)*

Hinweis ▶ **Conviction** ist eine *feste Überzeugung* bzw. eine *Gesinnung*. **Faith** ist *religiöse Überzeugung* oder *tiefes Vertrauen*. **Opinion** ist einfach eine *Meinung* und **view** drückt eine *Ansicht* aus.

to believe — 1. think *(meinen)*
2. trust *(vertrauen)*
3. be convinced *(überzeugt sein)*

curve *(Kurve)* **bend**

next to *(neben)* **beside**

1. gamble *(um Geld spielen)*
2. wager *(wetten)*
3. stake *(setzen)*

to bet

bike, *BE* pushbike *(Fahrrad)* **bicycle**

1. large *(groß)*
2. tall *(lang für eine Person, hoch für ein Gebäude)*
3. high *(hoch)*
4. huge *(riesig)*
5. sizeable *(ziemlich groß)*
6. important *(wichtig)*
7. generous *(großzügig)*

big

Hinweis

Large wird in Verbindung mit Nummern und Prozentzahlen benutzt, **tall** und **high** wenn etwas (auch Menschen) *hoch* ist. **Huge** und **sizeable** bedeuten beide *sehr groß*, **important** ist *wichtig*, **generous** *großzügig* oder *freigebig*.

1. *US* check *(Rechnung)*
2. invoice *(Rechnung)*
3. programme *(Programm)*
4. BE note *(Schein)*

bill

piece *(Stück)* **bit**

1. accuse *(beschuldigen)*
2. reproach *(Vorwürfe machen)*

to blame

1. reproach *(Tadel)*
2. responsibility *(Verantwortung)*
3. hold responsible *(die Schuld geben)*

blame

1. close *(absperren)*
2. obstruct *(behindern)*

to block

1. punch *(Faustschlag)*
2. slap *(Klaps, Ohrfeige)*
3. hit *(Schlag)*

blow

to blow
1. puff *(blasen)*
2. waste *(verpulvern)*

boat
1. ship *(Schiff)*
2. ferry *(Fähre)*
3. yacht *(Jacht)*

body
1. corpse *(Leiche)*
2. (of people) group *(Gruppe)*
3. organisation *(Organisation)*
4. physique *(Körperbau)*

to boil
1. cook *(kochen)*
2. simmer *(auf kleiner Flamme kochen)*
3. be furious *(vor Wut kochen)*

border
1. boundary *(Grenze)*
2. edge *(Rand)*
3. frontier *(Landesgrenze)*
4. *fig* limit *(Grenze)*

boring
1. dull *(langweilig)*
2. tedious *(langweilig, öde)*
3. dreary *(öde)*

Hinweis ▶
Dreary und **dull** bedeuten beide auch *stark bewölkt*. **Tedious** bedeutet *ermüdend* und *weitschweifig*.

to borrow
1. lend to s.o.
2. loan to s.o.

Hinweis ▶
Borrow fordert die Präposition **from**, **lend** die Präposition **to**. **Borrow** bedeutet *von jdm etwas leihen*, **lend** *jmd etwas leihen*.

boss
1. employer *(Arbeitgeber, Chef)*
2. superior *(Vorgesetzte)*
3. leader *(Leiter)*

Hinweis ▶
Chef ist ein falscher Freund. Es bedeutet im Englischen *Küchenchef*. **Chief** hingegen hatte ursprünglich die Bedeutung *Häuptling*, wird aber in der modernen Sprache auch für leitende Angestellte verwendet.

to bother

1. trouble o.s. *(sich bemühen)*
2. disturb *(stören)*
3. annoy *(nerven)*
4. pester *(belästigen)*
5. *fam* bug *(nerven)*

brave

1. bold *(kühn)*
2. courageous *(mutig)*

to break

1. *MED* fracture *(brechen)*
2. shatter *(zerschlagen)*
3. smash *(zerbrechen)*
4. snap *(entzweibrechen)*
5. (laws, rules) violate *(übertreten)*

break

1. *THEAT* interval *(Pause)*
2. rest *(Rast)*
3. *MED* fracture *(Bruch)*

breast

1. bosom *(Busen)*
2. chest *(Brustkorb)*

to breathe

inhale *(inhalieren)*

bright

1. brilliant *(strahlend)*
2. cheerful *(fröhlich)*
3. clever *(klug)*
4. fine *(heiter)*
5. intelligent *(intelligent)*

to bring

1. fetch *(holen)*
2. get *(bringen)*
3. take *(nehmen, wegnehmen)*

to bring up

1. educate *(erziehen)*
2. (an issue) raise *(Thema auf den Tisch bringen)*

broad

wide *(breit)*

to build

1. construct *(bauen)*
2. make *(anfertigen)*

building

1. construction *(Bau)*
2. house *(Wohnhaus)*

to burst	explode *(explodieren)*
business	1. company *(Unternehmen)* 2. firm *(Firma)* 3. shop *(Geschäft)* 4. trade *(Handel)* 5. concern *(Angelegenheit)*
busy	1. active *(aktiv)* 2. occupied *(beschäftigt)*
to buy	purchase *(kaufen)*

C

cake	pie *(Torte)*
to call	1. give s.o. a ring *(jdm anrufen)* 2. phone *(anrufen)* 3. shout *(laut rufen)* 4. name *(nennen)*
call	1. visit *(Besuch)* 2. shout *(Ruf)* 3. summons *(Aufruf)*
can	tin *BE (Dose, Büchse)*
can	1. be able *(fähig sein, in der Lage sein – nur für positive Fähigkeiten)* I am sure she is able to pass the exam. *Ich bin sicher, dass sie in der Lage ist, die Prüfung zu bestehen.* 2. be capable *(fähig sein – auch im negativen Sinn)* I don't trust him, he is capable of anything. *Ich vertraue ihm nicht, er ist zu allem fähig.* 3. may *(dürfen)* 4. be allowed to *(machen dürfen)*
cap	1. beret *(Baskenmütze)* 2. (bottle) top *(Deckel)*
to care	1. be concerned *(sich kümmern)* 2. mind *(sich kümmern)*

I don’t mind. *Mir ist es egal.*
3. like *(mögen)*

careful
cautious *(vorsichtig)*

to carry
1. transport *(transportieren)*
2. bear *(tragen)*

to carry on
1. continue *(fortsetzen)*
2. go on, proceed *(weitermachen, fortfahren)*
3. resume *(wieder aufnehmen)*

case
1. matter *(Angelegenheit)*
The heart of the matter. *Der Kern der Sache*.
2. box *(Kiste)*
3. situation *(Fall)*
4. suitcase *(Koffer)*
5. *JUR* proceedings *(Verfahren)*

cash
1. change *(Wechselgeld)*
2. money *(Geld)*

to catch
1. capture *(gefangen nehmen)*
2. understand, hear *(verstehen, hören)*

to cause
1. bring about *(verursachen)*
2. produce *(bewirken)*

cause
1. reason *(Grund)*
2. ideal *(Ideal)*

centre
middle *(Mitte)*

certain
1. definite *(bestimmt)*
2. particular *(besonders)*
3. sure *(gewiss)*
4. convinced *(überzeugt)*

chair
1. armchair *(Sessel)*
2. stool *(Hocker)*
3. seat *(Sitz)*

chance
1. accident *(Zufall)*
2. coincidence *(zufälliges Zusammentreffen)*

3. opportunity *(Gelegenheit)*
4. possibility *(Möglichkeit)*

to change
1. alter *(ändern)*
2. exchange *(austauschen)*
3. replace *(ersetzen)*
4. transform *(verwandeln)*

change
1. alteration *(Änderung)*
2. variety *(Abwechslung)*
3. transformation *(Verwandlung)*

character
1. nature *(Wesen)*
2. personality *(Persönlichkeit)*
3. role *(Rolle)*

cheap
1. inexpensive *(preisgünstig)*
2. low-priced *(billig)*

to cheat
1. be unfaithful *(fremdgehen)*
2. deceive *(täuschen)*
3. swindle *(beschwindeln)*

cheerful
1. happy *(glücklich)*
2. merry *(lustig)*

chemist
pharmacist *(Apotheker)*

chicken
1. hen *(Henne)*
2. fowl *(Huhn)*

child
1. *fam* kid *(Kind)*
2. youngster *(Junge)*
3. infant *(Kleinkind)*

choice
1. range *(Angebot)*
2. selection *(Auswahl)*

to choose
1. pick *(aussuchen)*
2. select *(auswählen)*

Hinweis ▶

Pick bedeutet auch *Blumen und Obst pflücken*, *Körner aufpicken* und *Beeren abzupfen*. **To pick at food** – *häppchenweise essen.*

town *(Stadt)* — **city**

◄ Hinweis

In Großbritannien ist **city** eine Stadt mit Bischofssitz und Kathedrale. **The City** ist die Altstadt (Bankenviertel) Londons.

culture *(Kultur)* — **civilisation**

to clear up *(klarstellen)* — **to clarify**

◄ Hinweis

Clear up wird auch im Sinne von *aufräumen* und *putzen* verwendet. **The weather is clearing up** – *Das Wetter wird besser*.

class

1. form *(Klasse – an britischen Schulen)*
2. *US* grade *(Klasse)*
3. lesson *(Stunde)*
4. distinction *(Format)*
5. excellence *(Auszeichnung)*

to clean

1. scrub *(scheuern)*
2. sweep *(kehren)*
3. wipe *(wischen)*
4. wash *(waschen)*

clean

1. neat *(ordentlich)*
2. spotless *(makellos sauber)*
3. tidy *(aufgeräumt)*

clear

1. bright *(hell)*
2. transparent *(klar)*
3. unblemished *(rein)*
4. distinct *(deutlich)*

◄ Hinweis

Bright bedeutet auch *clever, klug*. **Clear skies** ist ein *wolkenloser Himmel*.

office worker *(Büroangestellte)* — **clerk**

clever

1. bright *(intelligent, aufgeweckt)*
2. cunning *(schlau)*
3. intelligent *(intelligent)*
4. skilful *(geschickt)*
5. smart *(klug)*

to climb 1. ascend *(hinaufsteigen)*
2. clamber *(klettern)*

to close /klouz/ 1. bolt *(verriegeln)*
2. lock *(zuschließen)*
3. shut *(schließen)*
4. finish *(beenden)*
5. bring to an end *(beenden)*

close /klous/ 1. near *(nahe)*
2. nearby *(in der Nähe)*

cloth 1. fabric *(Stoff)*
2. material *(Stoff)*

clothes 1. clothing *(Kleidung)*
2. dress *(Bekleidung)*

club 1. association *(Verband)*
2. organization *(Organisation)*
3. society *(Verein)*

coast shore *(Meeresufer)*

coat 1. overcoat *(Mantel)*
2. raincoat *(Regenmantel)*
3. jacket *(Jacke)*

cold 1. chilly *(kühl, frisch)*
2. cool *(kühl)*
3. freezing *(eiskalt)*
4. unfriendly *(kühl)*

to collect 1. gather *(zusammenkommen)*
2. fetch *(holen)*
3. pick up *(abholen)*

to call collect *(US)* *TEL* to reverse the charges *(Der Angerufene zahlt.)*

college 1. school *(Schule)*
2. university *(Universität)*

to colour 1. dye *(färben – für Stoff oder Haare)*
2. tint *(tönen)*

1. join *(verbinden)*
2. merge *(zusammenkommen, ECO fusionieren)*
3. unite *(vereinen)*

to combine

1. arrive *(ankommen)*
2. get *(kommen)*
   He got to work late again today. *Er kam heute wieder zu spät zur Arbeit.*
3. happen *(geschehen)*

come

1. cosy *(gemütlich, behaglich)*
2. at ease *(behaglich)*
3. relaxed *(entspannt)*

comfortable

1. general *(allgemein)*
2. ordinary *(gewöhnlich)*
3. usual *(üblich)*
4. frequent *(häufig)*

common

Als Substantiv bedeutet **common** auch *Gemeindeland*. **Common** bedeutet zudem *gewöhnlich* im Sinne von ordinär.

Hinweis

1. grumble *(murren, schimpfen)*
2. moan *(jammern)*

to complain

1. conclude *(abschließen)*
2. end *(beenden)*
3. finish *(erledigen)*

to complete

1. affect *(betreffen)*
2. involve *(angehen)*
3. worry *(beunruhigen)*

to concern

1. business *(Angelegenheit)*
2. firm *(Firma)*
3. worry *(Sorge)*
4. matter *(Angelegenheit)*

concern

1. circumstance *(Verhältnisse)*
2. *MED* complaint *(Beschwerde)*
3. prerequisite *(Voraussetzung)*
4. state *(Zustand)*
5. requirement *(Bedingung)*

condition

confidence
1. self-confidence *(Selbstvertrauen)*
2. trust *(Vertrauen)*
In God we trust. *Wir vertrauen auf Gott.*

confident
1. convinced *(überzeugt)*
2. optimistic *(zuversichtlich)*
3. sure *(sicher)*
4. self-confident *(selbstsicher)*
5. certain *(sicher)*

to confuse
1. bewilder *(verwirren)*
2. mix up *(verwechseln)*

confusion
1. bewilderment *(Verwirrung)*
2. chaos *(Chaos)*
3. disorder *(Durcheinander)*
4. mix-up *(Verwechslung)*

to connect
1. attach *(befestigen)*
2. join *(verbinden)*
3. associate *(verknüpfen)*
4. meet *(zusammentreffen)*

connection
1. link *(Verbindung)*
2. relationship *(Beziehung)*
3. context *(Zusammenhang)*

conscious
aware *(bewusst)*

to consider
1. regard *(betrachten)*
2. think over/about *(überlegen)*
3. take into account *(in Betracht ziehen)*

to continue
1. carry on *(fortfahren)*
2. resume *(fortsetzen – nach einer Unterbrechung)*
3. go on *(fortfahren)*

to control
1. *POL* govern, rule over *(beherrschen)*
2. manage *(verwalten, kontrollieren)*
3. regulate *(regulieren)*
4. supervise *(beaufsichtigen)*

convenient
1. functional *(zweckmäßig)*
2. practical, handy *(praktisch)*

3. useful *(brauchbar)*
4. suitable *(passend)*

conversation

1. chat *(Unterhaltung, Plauderei)*
2. discussion *(Diskussion)*
3. talk *(Gespräch)*
4. talking *(Reden)*

to convince

persuade *(überreden)*

cool

1. chilly *(kühl, frisch)*
2. cold *(kalt)*
3. calm *(ruhig)*
4. collected *(gelassen)*

to copy

1. imitate *(nachmachen)*
2. reproduce *(nachbilden)*

correct

1. exact *(genau)*
2. right *(richtig)*
3. true *(wahr)*
4. proper *(richtig, passend)*

cost

1. expense *(Unkosten)*
2. price *(Preis)*

country

1. countryside *(Gegend)*
2. land *(Land)*
3. scenery *(Landschaft)*
4. nation *(Nation)*

to cover

1. hide *(verbergen)*
2. include *(behandeln, erfassen)*
3. report on *(berichten über)*
4. travel *(zurücklegen)*
   We travelled five hundred kilometres. *Wir legten fünfhundert Kilometer zurück.*

cover

1. lid *(Deckel)*
2. shelter *(Schutz)*
3. blanket *(Decke)*

crash

1. accident *(Unfall)*
2. collision *(Zusammenstoß)*

3. noise *(Krach, Lärm)*
4. collapse *(Ende, Untergang)*

critic reviewer *(Kritiker)*

cross
1. angry *(zornig)*
2. annoyed *(verärgert)*
3. furious *(wütend)*
4. *US* mad *(böse)*
5. bad-tempered *(aufbrausend)*

crowd
1. *THEAT* audience *(Publikum)*
2. spectators *(Zuschauer bei einem Sportereignis)*
3. mass *(Menge)*

cruel
1. brutal *(brutal)*
2. nasty *(gemein, boshaft)*

to cry
1. scream *(brüllen)*
2. shout *(schreien, rufen)*
3. exclaim *(rufen)*
4. weep *(weinen)*

cupboard wardrobe *(Kleiderschrank)*

to cure
1. heal *(heilen)*
2. treat *(behandeln)*
3. restore to health *(wieder gesund machen)*

curious
1. inquisitive *(neugierig)*
2. *fam* nosy *(neugierig im negativen Sinn)*
3. odd, strange *(merkwürdig, seltsam)*
4. peculiar *(eigenartig)*

custom
1. habit *(Gewohnheit)*
2. tradition *(Tradition)*

to cut
1. lower *(senken)*
2. reduce *(herabsetzen)*
3. reap *(ernten)*
4. shorten *(kürzen)*
5. divide *(aufteilen)*
6. (a film) edit *(schneiden)*
7. (vegetables) slice, chop *(schneiden)*

D

everyday *(alltäglich)*	**daily**
1. harm *(schaden)* 2. hurt *(wehtun)* 3. injure *(verletzen)* He ~d his leg playing football. *Er hat sich beim Fußballspielen das Bein verletzt.*	**to damage**
1. harm *(Schaden)* 2. injury *(Verletzung)*	**damage**
1. hazard *(Gefahr)* 2. risk *(Risiko)* 3. threat *(Bedrohung)*	**danger**
1. risky *(riskant)* 2. insecure *(unsicher)*	**dangerous**
gloomy *(düster)*	**dark**
Gloomy bedeutet auch *depressiv, schwermütig*. **Dark** kann man nur im Sinne von *dunkel* verwenden.	◄ Hinweis
twilight *(Dämmerung)*	**darkness**
appointment *(Termin)*	**date**
1. costly *(kostspielig)* 2. expensive *(teuer)* 3. esteemed *(geschätzt)*	**dear**
make up one's mind *(eine Entscheidung treffen)*	**to decide**
1. low *(niedrig)* 2. profound *(tiefgründig)*	**deep**
1. hold up *(aufhalten)* Our train was held up. *Unser Zug wurde aufgehalten.* 2. postpone *(verschieben)*	**to delay**
1. hold-up *(Verzögerung)* 2. traffic jam *(Stau)*	**delay**

to deliver 1. send *(schicken)*
2. supply *(liefern, versorgen)*

to demand 1. ask for *(fragen nach)*
2. require *(verlangen)*
3. call for *(benötigen)*

department 1. section *(Abteilung)*
He works in the sales ~. *Er arbeitet in der Verkaufsabteilung.*
2. division *(Abteilung)*

to depend on rely on *(sich verlassen auf)*

to describe 1. depict *(darstellen)*
2. portray *(schildern)*
I want you to ~what happened. *Ich möchte, dass Sie schildern, was passiert ist.*

description portrayal *(Schilderung)*

to desire 1. want *(wollen)*
2. wish *(wünschen)*
3. long for *(sich sehnen nach)*
4. *fam* fancy *(attraktiv finden)*

desire 1. longing *(Sehnsucht)*
2. wish *(Wunsch)*
3. lust *(Begierde)*

to destroy 1. demolish *(abreißen)*
2. ruin *(ruinieren)*
3. wreck *(zerstören, zu Schrott fahren)*

Hinweis ► **Demolish** sagt man im Bezug auf Gebäude, **ruin** und **wreck** sind etwas allgemeiner. **Spoil** heißt *etwas verderben* oder auch *verwöhnen, verziehen*.

to develop 1. mature *(heranreifen)*
2. progress *(Fortschritte machen)*

different 1. diverse *(verschieden)*
2. various *(unterschiedlich)*
3. other *(andere)*

hard *(schwierig)* — **difficult**

dinner

1. lunch *(Mittagessen)*
2. supper *(Abendbrot)*

Hinweis

Dinner hat erst Hauptmahlzeit bedeutet, egal ob Mittag oder Abend. Heutzutage, ist es üblich **lunch** zum *Mittagessen* und **dinner** zum *Abendessen* zu sagen. Trotzdem kann man **dinner** durchaus auch noch in seiner ursprünglichen Bedeutung hören.

direct

1. immediate *(unmittelbar)*
2. straight *(gerade)*
3. honest *(ehrlich)*
4. frank *(offen)*

direction

1. instruction *(Anweisung)*
2. management *(Leitung)*
3. way *(Richtung)*

dirt

1. dust *(Staub)*
2. filth *(Dreck)*
3. rubbish *(Unrat)*
4. pollution *(Umweltverschmutzung)*

dirty

1. dusty *(staubig)*
2. filthy *(dreckig)*
3. obscene *(obszön)*
4. soiled *(verschmutzt)*

to disagree

1. differ *(eine andere Meinung haben)*
2. quarrel, argue *(sich streiten)*

Hinweis

Differ bedeutet *uneinig sein*, **argue** und **quarrel** eher *streiten*.

vanish *(verschwinden)* — **to disappear**

to discover

1. find out *(herausfinden)*
2. notice *(feststellen)*
3. come upon *(stoßen auf)*

to discuss

1. debate *(debattieren)*
2. talk about *(über etw sprechen)*

discussion
1. debate *(Debatte)*
2. talk *(Unterredung)*
3. conversation *(Gespräch)*

disease
1. complaint *(Beschwerde)*
2. illness *(Krankheit)*
3. sickness *(Krankheit, Übelkeit)*

to distribute
1. hand out *(austeilen, aushändigen)*
2. share out *(verteilen)*
3. sell *(verkaufen)*

district
1. area *(Gegend)*
2. quarter *(Viertel)*
3. borough *(städtischer Bezirk, Stadtgemeinde)*

to disturb
1. interrupt *(unterbrechen)*
2. interfere with, disrupt *(stören)*
3. worry *(beunruhigen)*

to divide
1. separate *(trennen)*
2. share *(verteilen)*
3. split (up) *(teilen)*

to do
1. make *(machen)*
2. carry out *(durchführen)*
3. solve *(lösen)*
4. arrange *(arrangieren)*
5. finish *(erledigen)*

Hinweis ▶

Make bezieht sich hauptsächlich auf *etwas herstellen*. In anderen Kontexten wird *machen* gewöhnlicherweise mit **do** übersetzt.

doctor
1. general practitioner *(Allgemeinarzt)*
2. specialist *(Facharzt)*
3. physician *(Arzt)*

to doubt
1. to be sceptical *(skeptisch sein)*
2. question *(bezweifeln)*
3. distrust *(misstrauen)*

doubt
1. suspicion *(Verdacht)*
2. mistrust *(Misstrauen)*

to draw

1. sketch *(skizzieren)*
2. pull *(ziehen)*
3. (money from the bank) withdraw *(abheben)*
4. attract *(anziehen)*
5. (sth heavy) drag *(ziehen, schleppen)*

to draw up

design *(entwerfen)*

to dream

1. daydream *(tagträumen)*
2. imagine *(sich vorstellen)*

to dress

1. get dressed *(sich anziehen)*
2. put sth on *(etw anziehen)*
3. decorate *(schmücken)*
4. *MED* bandage *(verbinden, bandagieren)*

dress

clothes *(Kleidung)*

drink

beverage *(Getränk)*

to drive

1. (a vehicle) steer *(lenken, steuern)*
2. propel *(treiben)*
3. power *(antreiben)*

drive away

1. set off *(losfahren)*
2. chase away *(wegjagen)*

driver

chauffeur *(Chauffeur)*

to drop

1. let go of sth *(etw loslassen)*
2. fall *(sinken)*
3. omit, leave out *(auslassen, weglassen)*
4. (habit, life-style) give up *(aufgeben)*
5. abandon *(aufgeben, fallenlassen)*

dry

1. arid *(dürr)*
2. boring *(trocken, langweilig)*
3. thirsty *(durstig)*
4. sarcastic *(sarkastisch)*

◄ **Hinweis**

Meistens heißt **dry** *trocken* (als Landschaft, Wein, Humor usw). Es kann aber auch *langweilig* bedeuten.

due to

because of *(wegen)*

dull	1. (person) slow-witted *(langsam, schwerfällig)* 2. boring *(langweilig)* 3. (weather) overcast *(bedeckt, trüb)*
during	*konj* while
duty	1. obligation *(Verpflichtung)* 2. task *(Aufgabe)* 3. tax *(Zoll, Steuer)*

E

each	every *(jede, jeder, jedes)*
each other	one another *(einander, sich)*
early	in good time *(rechtzeitig)*
to earn	1. *fig* deserve *(verdienen)* She deserves to be promoted. *Sie verdient es, befördert zu werden.* 2. get *(bekommen)*
earth	1. world *(Welt)* 2. soil *(Erde)* 3. land *(Erde)*
east	1. *adj* oriental *(orientalisch)* 2. *sb* orient *(Orient)*
eastern	oriental *(orientalisch)*
easy	1. simple *(einfach)* 2. comfortable *(bequem)* 3. casual *(ungezwungen)* 4. informal *(zwanglos)* 5. (chair) soft *(weich, bequem)*
to eat	1. consume *(verzehren)* 2. guzzle, scoff *(gierig essen)*
economical	thrifty *(sparsam)* efficient *(ergiebig, wirkungsvoll)*

1. border *(Rand)* **edge**
2. advantage *(Vorteil)*
3. blade *(Schneide)*
4. boundary *(Begrenzung)*

1. civilize *(zivilisieren)* **to educate**
2. train *(ausbilden)*
3. teach *(unterrichten)*

1. breeding *(Erziehung)* **education**
2. training *(Ausbildung, Schulung)*
3. instruction *(Unterrichtung)*

1. result *(Ergebnis)* **effect**
2. repercussion *(Auswirkung)*
3. impression *(Eindruck)*
4. outcome *(Ergebnis)*

1. attempt *(Bemühung)* **effort**
2. strain *(Anstrengung)*

to take trouble *(sich Mühe geben)* **to make an effort**

1. *POL* vote for *(stimmen für)* **to elect**
2. choose *(auswählen)*

other *(anderer, anderes)* **else**

1. take on *(anstellen)* **to employ**
2. appoint *(ernennen)*
3. use *(anwenden)*
4. hire *(beschäftigen)*

Hinweis

Take on bedeutet auch *den Wettkampf mit jmd aufnehmen*. **Hire** bedeutet auch *etwas* z.B. Auto, Fahrrad *mieten*.

1. vacant *(frei, offen)* **empty**
2. unoccupied *(unbesetzt)*
3. meaningless *(bedeutungslos)*

1. finish *(beenden, erledigen)* **to end**
2. conclude *(abschließen)*
3. complete *(zu Ende bringen)*

end
1. finish *(Ende)*
2. purpose *(Zweck)*
3. aim, goal *(Ziel)*

in the end
1. finally *(schließlich)*
2. in the final analysis *(letzten Endes)*

enemy
1. opponent *(Gegner)*
2. rival *(Rivale, Rivalin)*

energy
1. power *(Kraft)*
2. vigour, drive *(Tatkraft)*
3. vitality *(Vitalität)*
4. capacity *(Kapazität)*

Hinweis ►
Power und **capacity** beziehen sich auf Maschinen und Kraft, **vigour** und **vitality** eher auf Charakterzüge.

engine
1. machine *(Maschine)*
2. (of a car) motor *(Motor)*
3. locomotive *(Lokomotive)*

to enjoy
1. take pleasure in sth *(Freude an etw haben)*
2. like doing sth *(etw gerne tun)*
3. have a good time *(sich amüsieren)*
4. have fun *(Spaß haben)*

enough
1. *adj* sufficient *(genug, genügend)*
2. adequate *(ausreichend)*
3. *adv* sufficiently *(genügend)*

to enter
1. go in (to a room) *(hineingehen)*
2. come in (to a room) *(hereinkommen)*
3. (for a course, an exam) enrol, register *(anmelden)*
4. write down *(eintragen)*

to entertain
1. amuse *(unterhalten, belustigen)*
2. invite *(einladen)*

error
mistake *(Fehler)*

to escape
1. flee *(fliehen)*
2. (from pursuers) get away *(entkommen)*
3. break out *(ausbrechen)*

4. get off *(davonkommen)*
They got off with a warning. *Sie sind mit einer Verwarnung davongekommen.*
5. slip one's mind, forget *(entfallen)*

escape
flight *(Flucht)*

especially
particularly *(besonders)*

even
1. level *(eben)*
2. straight *(gerade)*
3. regular, steady *(gleichmäßig)*
4. calm, well-balanced *(ruhig, ausgeglichen)*
5. regular *(regelmäßig)*
6. equal *(gleich)*

event
1. incident *(Vorfall)*
2. case *(Fall)*
3. function *(Veranstaltung)*
4. competition *(Wettkampf)*

every
each *(jede, jeder, jedes)*

every day
daily *(täglich)*

everyone
everybody *(alle)*

exact
1. accurate *(genau)*
2. precise *(präzis)*
3. meticulous, careful *(sorgfältig)*

examination
1. consideration *(Überlegung)*
2. inspection *(Kontrolle)*
3. *MED* check-up *(Untersuchung)*
4. (school) test *(Prüfung)*
5. interrogation *(Verhör)*

to examine
1. (a pupil) test *(prüfen)*
2. investigate *(untersuchen)*
3. *MED* check up *(untersuchen)*
4. inspect *(kontrollieren)*

example
1. model *(Vorbild)*
2. warning *(Warnung)*

for example	for instance *(zum Beispiel)*
excellent	1. first-class *(erstklassig)* 2. superb *(großartig)* 3. outstanding *(hervorragend)*
except for	apart from *(abgesehen von)*
to exchange	1. swap *(tauschen)* 2. (currency) change *(wechseln)*
exciting	1. thrilling *(spannend)* 2. tense *(spannungsgeladen)*
Hinweis ▶	**Exciting** bedeutet *aufregend*, **thrilling** und **tense** sind etwas enger mit Gefahr verbunden.
to exercise	1. (one's power) use *(ausüben)* 2. (one's body, mind) train *(üben, trainieren)*
exercise	1. practice *(Übung)* 2. movement *(Bewegung)* 3. use *(Ausübung, Gebrauch)* 4. activity *(Betätigung)*
expensive	1. dear *(teuer)* 2. costly *(kostspielig)* 3. high-priced *(teuer)*
to experience	1. (difficult times) go through *(erleben, durchmachen)* 2. feel *(empfinden)*
experience	1. knowledge *(Wissen)* 2. practice *(Übung)* 3. adventure *(Abenteuer)* It was a great ~. *Es war ein tolles Erlebnis.*
experiment	trial, test *(Versuch, Test)*
expert	1. *adj* experienced *(erfahren)* 2. *sb* specialist *(Spezialist)*
to explain	1. account for *(begründen)* 2. clear up *(aufklären)*

explanation
1. clarification *(Erläuterung)*
2. justification *(Rechtfertigung)*

to express
1. utter *(äußern)*
2. reveal *(ausdrücken)*
3. put into words *(formulieren)*

expression
1. saying *(Redensart)*
2. look *(Gesichtsausdruck)*

extra
1. additional *(zusätzlich)*
2. *adj* special *(Sonder..., besonders)*

F

face
1. expression *(Gesichtsausdruck)*
2. feature *(Gesichtszug)*

fact
1. truth *(Wahrheit)*
2. reality *(Wirklichkeit)*

factory
1. plant *(Werk, Produktionsanlage)*
2. works *(Werk)*

Hinweis: **Plant** deutet auf eine *größere Fabrik* hin. **Factory** oder **works** können auch *kleinere Fabriken* sein.

to fail
1. break down *(scheitern)*
2. be unsuccessful *(erfolglos sein)*
3. *fam* (an exam) flunk *(durchfallen)*
4. (to do sth) neglect to do sth *(versäumen etw zu tun)*

fair
1. just *(gerecht)*
2. reasonable *(ordentlich)*
3. *sb* exposition *(Messe)*
4. (hair) blonde *(blond)*
5. (weather) fine *(heiter)*

faith
1. trust *(Vertrauen)*
2. belief *(Glaube)*

faithful
1. loyal *(treu)*
2. accurate *(getreu)*

to fall
1. drop *(fallen)*
2. decrease *(fallen)*

false
1. wrong *(falsch)*
2. artificial *(künstlich)*

familiar
1. well-known *(bekannt)*
2. accustomed *(vertraut)*
3. usual *(gewohnt)*

family
relations, relatives *(Verwandschaft)*

far
1. distant *(entfernt)*
2. remote *(abgelegen)*
3. a long way away *(weit entfernt)*

fashion
1. manner *(Art)*
2. latest style *(neueste Mode)*

fast
1. quick, speedy *(schnell)*
2. secure *(fest)*

fat
1. thick *(dick – nur für Sachen)*
2. overweight *(übergewichtig)*
3. plump *(rundlich, mollig)*

Hinweis ▶ **Thick** bedeutet umgangssprachlich auch *dumm*.

fault
1. blame *(Schuld)*
2. defect *(Fehler, Defekt)*
3. mistake *(Versehen)*

favour
1. goodwill *(Gunst, Wohlwollen)*
2. kindness *(Gefälligkeit)*

to fear
1. be afraid of *(Angst haben vor)*
2. dread *(sich fürchten vor)*

fear
1. anxiety *(Sorge)*
2. dread *(Furcht)*

to feed
1. support, maintain *(ernähren)*
2. eat *(fressen)*
3. give food to *(futtern)*

to feel

1. touch *(fühlen, berühren)*
2. be aware/conscious of *(empfinden)*
3. sense *(spüren)*
4. think *(meinen)*
5. suffer from *(leiden unter)*
6. (like doing sth) fancy *(Lust haben)*
   Do you fancy going to the cinema? *Hast du Lust ins Kino zu gehen?*

feeling

1. sensation *(für körperliche Empfindungen)*
2. emotion *(für seelische Empfindungen)*
3. opinion *(Meinung)*
4. impression *(Eindruck)*
5. notion *(Vorahnung)*

female

feminine *(weiblich, wie eine Frau)*

fever

temperature *(erhöhte Temperatur)*

few

1. (a) a couple *(ein paar)*
2. several *(mehrere)*

field

1. meadow *(Wiese)*
2. pasture, fallow *(Weide)*
3. sector *(Bereich)*
4. *SPORT* pitch *(Sportplatz)*

to fight

1. struggle *(kämpfen, sich wehren)*
2. quarrel *(sich streiten)*
3. oppose *(bekämpfen)*

fight

1. struggle *(Kampf, Anstrengung)*
2. brawl *(Schlägerei)*
3. argument, quarrel *(Auseinandersetzung, Streit)*

figure

1. number *(Zahl)*
2. form, shape *(Gestalt)*
3. character *(Persönlichkeit)*

to fill

1. load *(laden)*
2. cram full *(voll stopfen)*
3. occupy *(besetzen)*

to fill in/out

complete *(ausfüllen)*

final 1. last *(letzte, letzter, letztes)*
2. definite *(endgultig)*

to find 1. discover *(entdecken)*
2. express an opinion, feel *(denken, finden)*
3. notice *(feststellen)*

to finish 1. end *(enden)*
2. complete *(vollenden)*
3. conclude *(beenden)*
4. stop *(aufhören)*

fire 1. flame *(Flamme)*
2. blaze *(Feuer, Brand)*

firm 1. *sb* company *(Firma)*
2. business *(Geschäft, Betrieb)*
3. *adj* solid *(fest)*
4. definite *(endgültig)*
5. tight *(straff)*

to fit 1. be the right size *(die richtige Größe sein)*
2. match *(entsprechen)*
3. attach *(anbringen)*
4. be suitable *(geeignet sein)*
5. adjust *(anpassen)*

to fix 1. fasten *(befestigen)*
2. agree, decide on *(festsetzen, ausmachen)*
3. arrange *(arrangieren)*
4. mend, repair *(reparieren)*

Hinweis ▶

Im Amerikanischen benutzt man **fix** für z.B. *Essen und Getränke vorbereiten*, im Britischen Englisch würde man dagegen **make** sagen. I'll fix a drink. *Ich mache uns ein Getränk.*

flat 1. *sb* apartment *(Wohnung)*
2. puncture *(Reifenpanne)*
3. *adj* level *(eben)*

flight 1. escape *(Flucht)*
2. stairs *(Treppe)*
3. air trip *(Flug)*

floor

1. ground *(Boden)*
2. storey *(Stockwerk)*
3. landing *(Treppenabsatz, Flur)*

to flow

1. run *(fließen)*
2. stream *(strömen)*
3. trickle *(tröpfeln)*

flower

blossom *(Blüte)*

to fly

1. rush, hurry *(eilen)*
2. blow *(wehen)*

fog

1. mist *(Nebel)*
2. haze *(Dunst)*

to follow

1. chase *(verfolgen, jagen)*
2. pursue *(folgen)*
3. understand *(verstehen)*
4. take an interest in *(sich interessieren für)*

to force

1. compel *(zwingen)*
2. make s.o. do sth *(jdn zwingen etw zu tun)*

force

1. violence *(Gewalt)*
2. strength *(Stärke)*
3. power *(Macht)*

foreign

1. strange *(fremd)*
2. alien *(ausländisch)*

forest

wood, woodland *(Wald)*

Hinweis: **Forest** ist viel größer als **wood** oder **woodland**.

to forget

leave sth somewhere *(liegen lassen)*

to form

1. shape *(gestalten)*
2. develop *(entwickeln)*
3. set up, organize *(gründen, bilden)*
4. take shape *(Gestalt annehmen)*

form

1. class *(Schulklasse)*
2. document *(Formular)*

former
1. earlier *(früher)*
2. previous *(ehemalig)*

frame
1. framework *(grundlegende Struktur)*
2. build *(Körperbau)*
3. (of mind) mood *(Stimmung, Verfassung)*

free
1. liberated *(befreit)*
2. open, frank *(offenherzig)*
3. vacant *(nicht besetzt)*

Hinweis ▶ **Free** bedeutet auch *kostenlos.* Man sagt auch **free of charge**.

freedom
liberty *(Freiheit)*

to freeze
keep still *(in der Bewegung erstarren)*

fresh
1. new *(neu)*
2. cheeky *(frech)*

friend
acquaintance *(Bekannte)*

friendly
1. kind *(freundlich)*
2. polite *(höflich)*
3. hospitable *(gastfreundlich)*

to frighten
1. scare *(Angst machen)*
2. startle *(erschrecken, aufschrecken)*
3. intimidate *(einschüchtern)*
4. terrify *(schockieren)*

full
1. complete *(vollständig)*
2. detailed *(ausführlich)*

fun
1. amusement *(Belustigung)*
2. enjoyment *(Vergnügen)*
3. pleasure *(Freude)*

funny
1. amusing *(amüsant)*
2. witty *(schlagfertig)*
3. comical *(komisch, ulkig)*
4. strange, odd *(seltsam)*
5. entertaining *(unterhaltsam)*

G

game

1. sport *(Sport)*
2. match *(Wettkampf, Spiel)*
3. tournament *(Turnier)*

garden

1. park *(Park)*
2. green *(Grünfläche)*

gas

1. fumes *(Dämpfe)*
2. *BE* petrol *(Benzin)*

general

1. common *(gemeinsam, allgemein)*
2. typical *(typisch)*
3. usual *(üblich)*
4. universal *(universell, überall verbreitet)*

generous

1. kind *(freundlich)*
2. liberal *(freigebig)*
3. plentiful *(reichlich)*
4. magnanimous *(großzügig)*

gentle

1. soft *(sanft)*
2. light *(leicht)*
3. tender *(zärtlich)*

genuine

1. authentic *(authentisch)*
2. real *(echt)*
3. sincere *(aufrichtig)*

◀ Hinweis

Menschen sind **sincere** während Dinge **authentic** oder **real** sind.

to get

1. become *(werden)*
2. arrive *(ankommen)*
3. receive *(bekommen, erhalten)*
4. fetch *(holen)*
5. obtain *(sich besorgen, erwerben)*
6. take, bring *(bringen)*
7. understand *(verstehen, kapieren)*

to get along

manage *(zurechtkommen)*

to get away

escape *(entkommen)*

to get back
1. return *(zurückkommen)*
2. recover *(zurückbekommen)*
3. retrieve *(zurückholen)*

to get in
1. arrive *(ankommen)*
2. be admitted *(aufgenommen werden)*

to get on with
1. have a good relationship with *(gut auskommen mit)*
2. continue with *(weitermachen mit)*

to get over
recover from *(sich erholen von)*

to give
1. present *(übergeben, überreichen)*
2. handover *(übergeben)*
3. donate *(spenden)*
4. yield *(nachgeben)*

to give away
1. hand out *(verteilen)*
2. betray *(verraten)*

to give in
surrender, give up *(aufgeben)*

glad
1. happy *(heiter)*
2. pleased *(froh)*
3. relieved *(erleichtert)*

to go
1. walk *(gehen)*
2. (by car) drive *(fahren)*
3. lead *(führen nach)*
4. (by plane) fly *(fliegen)*
5. (by bicycle) cycle *(Rad fahren)*
6. turn out *(ausgehen)*
7. travel *(reisen)*

to go after
1. follow *(folgen)*
2. pursue *(nachlaufen)*

to go back
return *(zurückgehen)*

to go down
(sun) set *(untergehen)*

to go on
1. continue, proceed *(weitermachen, fortfahren)*
2. happen *(passieren)*
3. *fam* ramble on *(zu viel und langweilig reden)*

to go through

1. search *(durchsuchen)*
2. endure *(durchmachen)*
3. use up *(aufbrauchen)*
   We've got through the chocolate. *Wir haben die Schokolade aufgegessen*.

good

1. *adv* well *(gut, wohl)*
   She's very well. *Ihr geht es sehr gut*.
2. *adj* kind *(gut, lieb)*
3. well-behaved *(brav)*
4. favourable *(günstig)*
5. thorough *(gründlich)*

◄ Hinweis

Im Amerikanischen, sagt man **good** wenn man z.B. über die Gesundheit redet, während man auf Englisch **well** sagt. Der Grund dafür liegt darin, dass in den Vereinigten Staaten weniger genau zwischen Adverbien und Adjektiven unterschieden wird als in Großbritannien.

to govern

1. rule *(regieren)*
2. determine *(bestimmen, beeinflussen)*

government

1. state *(Staat)*
2. *US* administration *(Regierung)*

gradually

1. slowly *(langsam)*
2. step by step *(schrittweise)*
3. (slope) gently *(sanft)*

grateful

1. thankful *(dankbar)*
2. welcome *(wohltuend, willkommen)*

grave

1. *sb* tomb *(Gruft)*
2. *adj* serious *(ernst)*

great

1. big, large *(groß)*
2. superb *(großartig)*
3. wonderful *(prima, wunderbar)*
4. important *(bedeutend)*

to greet

1. welcome *(begrüßen)*
   We went to the station to ~ our visitors. *Wir gingen zum Bahnhof, um unsere Besucher zu begrüßen.*
2. receive *(empfangen)*

greeting 1. welcome *(Willkommen)*
2. reception *(Empfang)*

grey 1. dull *(trüb)*
2. (sky) overcast *(bedeckt)*
3. *US* gray *(grau)*

ground 1. floor *(Boden in einem Gebäude)*
2. *SPORT* pitch *(Platz)*
3. premises, land *(Gelände)*

group 1. gang *(Bande)*
2. band *(Musikgruppe)*

to grow 1. get bigger *(größer werden)*
2. (number) increase *(zunehmen)*
3. (plants) cultivate *(züchten)*

to guard 1. watch *(aufpassen)*
2. protect *(schützen)*

to guess 1. suppose *(annehmen, vermuten)*
2. estimate *(schätzen)*

guest visitor *(Besucher)*

guide 1. courier *(Reiseleiter)*
2. indication *(Anhaltspunkt)*
3. manual *(Handbuch)*

guilty responsible *(verantwortlich)*

H

habit 1. way *(Art)*
2. custom *(Brauch, Gewohnheit)*
3. way of life *(Lebensart)*
4. addiction *(Sucht)*

to hack chop *(hacken)*

haircut 1. *fam* hairdo *(Frisur)*
2. hairstyle *(Frisur)*

1. barber *(Friseur – für Männer)* — **hairdresser**
2. hairstylist *(Coiffeur, Coiffeuse)*

1. hallway, corridor *(Flur)* — **hall**
2. lobby *(Eingangshalle)*
3. reception *(Empfang)*
4. mansion *(Herrensitz)*
5. passageway *(Durchgang)*

◄ Hinweis

Eine **Lobby** findet man in einem großen Herrenhaus. **Reception** bezieht sich auf Hotels und Unternehmen. **Hallway** und **passageway** ist der Gang in einem Mietshaus oder Bürogebäude.

help *(helfen)* — **to give s.o. a hand**

used (gebraucht) — **second hand**

US purse *(Handtasche)* — **handbag**

1. hindrance *(Behinderung)* — **handicap**
2. disadvantage *(Nachteil)*

1. good-looking *(gut aussehend)* — **handsome**
2. pretty *(hübsch)*
3. beautiful *(schön)*
4. considerable *(beträchtlich)*

◄ Hinweis

Handsome sagt man nur für Männer und Tiere, **pretty** und **beautiful** eher für Frauen. **A handsome sum** ist ein *großzügiger Betrag*.

1. droop *(herunterhängen)* — **to hang**
2. swing *(baumeln)*
3. execute *(hinrichten)*

1. wait *(warten)* — **to hang around**
2. loiter *(herumtreiben)*

1. keep *(behalten)* — **to hang on to**
2. cling to *(sich festklammern an)*

1. occur *(sich ereignen, vorkommen)* — **to happen**
2. take place *(stattfinden)*

happy

1. glad *(froh)*
2. fortunate *(glücklich)*
3. merry, cheerful *(fröhlich)*
4. content, satisfied *(zufrieden)*

hard

1. firm *(fest)*
2. difficult *(schwierig)*
3. strict, severe *(streng)*
4. strenuous, tiring *(anstrengend)*
5. tough *(hart)*

hardly

1. scarcely *(kaum)*
2. barely *(kaum)*

hat

1. cap *(Mütze)*
2. hood *(Kapuze)*
3. helmet *(Helm)*

to hate

1. dislike *(nicht mögen)*
2. detest *(hassen)*
3. loathe *(verabscheuen)*
4. abhor *(hassen)*
5. despise *(verachten)*

Hinweis ▶ **Dislike** ist milder als die anderen Wörter. **Despise** und **loathe** sind am härtesten.

hate

1. hatred *(Hass)*
2. dislike *(Abneigung)*
3. loathing *(Abscheu)*
4. aversion *(Aversion)*
5. abhorrence *(Abscheu)*

to have

1. own, possess *(besitzen)*
2. receive *(bekommen)*
3. get *(bekommen)*

to have (got) to

1. must *(müssen)*
2. be required to *(verpflichtet sein)*

head

1. mind *(Verstand)*
2. brain *(Gehirn)*
3. leader *(Leiter)*
4. boss *(Chef)*

headache

1. migraine *(Migräne)*
2. problem *(Problem)*

health

1. fitness *(Fitness, Kondition)*
2. condition *(Kondition)*
3. well-being *(Wohl, Wohlergehen)*

to hear

1. listen to *(anhören, zuhören)*
2. learn *(erfahren)*
3. overhear, eavesdrop *(zufällig mitbekommen)*
4. catch *(mitkriegen)*

heart

1. courage *(Mut)*
2. soul *(Seele)*
3. pity *(Mitleid)*
4. (of a city) centre *(Mitte)*

heartless

1. cold *(herzlos)*
2. unfeeling *(gefühllos)*

heat

warmth *(Wärme)*

heating

1. central heating *(Zentralheizung)*
2. heater *(Heizgerät)*

to heave

1. hurl *(schleudern)*
2. pull, drag *(ziehen)*

heavy

1. weighty *(schwer, gewichtig)*
2. (book, work) difficult *(schwer, schwierig)*

to heed

1. pay attention to *(beachten)*
2. take notice of *(Beachtung schenken)*

to help

1. assist *(helfen, behilflich sein)*
2. aid *(helfen, unterstützen)*
3. support *(unterstützen)*

help

1. assistance *(Beihilfe)*
2. aid *(Hilfe)*
3. support *(Unterstützung)*

helpful

1. cooperative *(hilfsbereit)*
2. useful *(nützlich)*

to hide
1. conceal *(verstecken)*
2. secrete *(verbergen)*

hill
mountain *(Berg)*

hint
1. tip, suggestion *(Tipp, Hinweis)*
2. trace *(Spur)*

to hit
1. strike *(schlagen)*
2. beat *(hauen, klopfen)*
3. slap *(ohrfeigen)*
4. punch *(mit der Faust schlagen)*
5. collide with *(stoßen)*

hit
1. blow *(Schlag)*
2. punch *(Faustschlag)*

hobby
1. pastime *(Zeitvertreib)*
2. leisure activity *(Freizeitbeschäftigung)*

to hold
1. (passport) have *(halten)*
2. (shares) own *(besitzen)*
3. contain *(fassen)*

hole
1. cavity *(Loch in einem Zahn)*
2. puncture *(Loch in einem Reifen)*
3. gap *(Lücke)*
4. *fam* dump *(Kaff)*

holiday
1. *US* vacation *(Urlaub, Ferien)*
2. day off *(freier Tag)*
3. public holiday *(Feiertag)*
4. bank holiday *(Feiertag)*

holy
1. sacred *(heilig)*
2. blessed *(selig)*

home
1. house *(Haus)*
2. native country *(Heimatland)*
3. hostel *(Wohnheim)*
4. institution *(Anstalt)*

honest
1. truthful *(ehrlich)*
2. sincere *(aufrichtig)*

3. open *(offen)*
4. respectable, decent *(anständig)*
5. frank *(ehrlich)*

to hope

1. expect *(erwarten)*
2. wish *(wünschen)*

horrible

1. terrible *(fürchterlich)*
2. awful *(schrecklich)*

hospital

1. infirmary *(Krankenhaus)*
2. clinic *(Klinik)*

hot

1. warm *(warm)*
2. *fam* boiling, scorching *(knallheiß)*
3. (food) spicy *(scharf)*

hotel

1. guesthouse *(Pension)*
2. bed and breakfast *(Frühstückspension)*

house

1. home *(Zuhause)*
2. block of flats *(Wohnblock)*
3. cottage *(Häuschen)*

◄ Hinweis

House bedeutet normalerweise *Wohnhaus*, kann aber auch *Parlament* bedeuten. Ein deutsches *Mietshaus* wäre auf Englisch **block of flats/tenement**. **On the house** bedeutet *auf Kosten des Wirts*.

housewife

wife *(Ehefrau)*
US homemaker *(Hausfrau)*

however

1. but *(aber)*
2. nevertheless, nonetheless *(trotzdem)*
3. *fam* all the same *(trotzdem)*
4. anyway *(trotzdem)*

huge

1. enormous *(riesig)*
2. gigantic *(riesengroß)*
3. colossal *(ungeheuer)*

humour

1. wit *(Geist, Witz)*
2. satire *(Satire)*
3. irony *(Ironie)*

hunger
1. appetite *(Appetit)*
2. famine *(Hungersnot)*
3. starvation *(Hungern)*
4. *fig* longing *(Sehnsucht)*

hungry
1. starving *(sehr hungrig)*
2. *fam* famished *(ausgehungert)*

to hurry
1. rush *(eilen, hetzen)*
2. dash *(sausen)*

to hurt
1. injure *(verletzen)*
2. be painful *(wehtun)*
3. ache *(schmerzen)*
My head aches. *Mir tut der Kopf weh.*
4. harm *(schaden)*
5. offend *(beleidigen)*

I

idea
1. notion *(Idee, Ahnung)*
I have no notion of what he means. *Ich habe keine Ahnung, was er meint.*
2. concept *(Konzept, Vorstellung)*
3. opinion *(Meinung)*
4. thought *(Gedanke)*

idiot
1. fool *(Idiot)*
2. jerk *(Trottel)*

if
1. in case *(falls)*
2. whether *(ob)*

ill
1. sick *(krank)*
2. unwell *(unwohl)*

illness
1. sickness *(Krankheit, Übelkeit)*
2. disease *(Krankheit – oft für ansteckende Krankheiten)*
3. complaint *(Beschwerde)*

to imagine
1. picture to o.s. *(sich vorstellen)*
2. fancy *(sich vorstellen, einbilden)*
3. suppose *(annehmen)*

Suppose bedeutet auch *vermuten, meinen* und *sollen*. **Isn't she supposed to be at work?** *Sollte sie nicht eigentlich in der Arbeit sein?*

Hinweis

immediately

1. at once *(sofort)*
2. straightaway *(gleich)*

important

1. essential *(notwendig)*
2. significant *(bedeutend)*
3. influential *(einflussreich)*

impossible

1. unrealistic *(unrealistisch)*
2. inconceivable *(undenkbar)*
3. (to be) out of the question *(nicht in Frage kommen)*

impression

1. effect *(Wirkung)*
2. feeling *(Gefühl)*
3. impersonation *(Nachahmung)*

improper

1. unseemly *(unschicklich)*
2. unsuitable *(unangebracht)*
3. incorrect *(unzutreffend)*

to improve

1. make progress *(Fortschritte machen)*
2. get better *(besser werden)*

inadequate

insufficient *(unzulänglich)*

to include

1. contain *(enthalten)*
2. involve *(beteiligen)*

to increase

1. grow *(wachsen)*
2. raise *(erhöhen)*
3. rise *(steigen)*
4. enlarge *(vergrößern)*

incredible

unbelievable *(unglaublich)*

independence

1. freedom *(Freiheit)*
2. autonomy *(Eigenständigkeit)*
3. *POL* sovereignty *(Souveränität)*

Freedom wird im weiteren Sinne verwendet, **autonomy** hauptsächlich in politischen Kontexten.

Hinweis

independent
1. free *(frei)*
2. self-sufficient *(selbstständig)*
3. autonomous *(eigenständig)*

to indicate
1. show *(zeigen)*
2. suggest *(deuten auf)*

to influence
1. affect *(sich auswirken auf)*
2. sway *(beeinflussen, umstimmen)*
3. motivate *(motivieren)*
4. persuade *(überreden)*

to inform
1. tell sth to s.o. *(jdm etw sagen)*
2. notify *(benachrichtigen, mitteilen)*
3. to advise s.o. of sth *(jdn von etw in Kenntnis setzen)*
4. let s.o. know *(verständigen)*

informal
1. relaxed *(entspannt)*
2. casual *(ungezwungen)*

information
1. knowledge *(Kenntnis, Kenntnisse)*
2. news *(Neuigkeit)*
3. message *(Nachricht)*

to inquire
1. ask about *(fragen nach)*
2. request *(bitten)*

inquiry
1. question *(Frage)*
2. investigation *(Untersuchung)*

inside
1. *adj* indoor *(Innen..., Haus...)*
2. *adv* indoors *(drinnen)*
3. *prep* within *(innerhalb)*

instead of
1. in place of *(an Stelle von)*
2. rather than *(statt)*

instruction
1. order *(Anweisung, Befehl)*
2. command *(Befehl)*
3. (~s) directions *(Gebrauchsanweisung)*
4. lessons, classes *(Unterricht, Unterrichtsstunden)*

instrument
1. tool *(Werkzeug)*
2. gadget *(Gerät, oft technische Spielerei)*

intelligence

1. *fam* brains *(Intelligenz, Köpfchen)*
2. cleverness *(Klugheit)*
3. information *(Informationen)*
4. secret service *(Geheimdienst)*

intelligent

1. clever *(klug)*
2. bright *(aufgeweckt, schlau)*

to intend

1. mean *(beabsichtigen)*
2. plan *(vorhaben)*
3. have sth in mind *(im Sinne haben)*

interest

1. curiousity *(Neugier)*
2. share, stake *(Anteil, Beteiligung)*

interesting

1. fascinating *(faszinierend)*
2. entertaining *(unterhaltend)*
3. amusing *(amüsant)*

international

cosmopolitan *(kosmopolitisch)*

to interpret

1. translate *(übersetzen)*
2. explain *(interpretieren)*
3. understand *(verstehen)*

to interrupt

1. disturb *(stören)*
2. *TEL* disconnect *(unterbrechen)*

interruption

1. break *(Unterbrechung, Pause)*
2. disturbance *(Störung)*

to introduce

1. make acquainted *(bekannt machen)*
2. present *(vorstellen)*

intoxicated

1. inebriated *(unter Alkoholeinfluss)*
2. drunk *(betrunken)*

to invent

1. devise *(ausdenken)*
2. create *(schaffen)*

invention

1. inventiveness *(Erfindungsgabe)*
2. fiction *(Erfindung, Fiktion)*
   His excuse was pure fiction. *Seine Ausrede war eine reine Erfindung.*

invitation
1. request *(Bitte)*
2. incitement *(Aufforderung)*

to invite
1. treat *(einladen, spendieren)*
I'd like to treat you to lunch today. *Ich möchte dich heute zum Mittagessen einladen*.
2. ask for *(bitten)*
3. attract *(auffordern, führen zu)*

irritating
1. annoying *(ärgerlich)*
2. bothersome *(lästig)*

issue
1. matter *(Frage)*
2. affair *(Angelegenheit)*

J

jacket
1. coat *(Jacke, Mantel)*
2. blazer *(Blazer)*
3. dinner-jacket, *US* tuxedo *(Smoking)*

jealous
1. envious *(neidisch)*
2. watchful *(sehr besorgt, bedacht)*

job
1. occupation, profession *(Beruf)*
2. post, position *(Stelle)*
3. employment *(Anstellung)*
4. work *(Arbeit)*
5. duty, responsibility *(Aufgabe)*

to join
1. attach *(befestigen)*
2. connect *(verbinden)*
3. become a member of *(Mitglied werden von)*

to joke
1. quip *(witzeln)*
2. *fam* pull s.o.'s leg *(Scherze machen)*

journal
diary *(Tagebuch)*
periodical *(Zeitschrift)*

journey
1. trip *(Reise)*
2. excursion, outing *(Ausflug)*
3. flight *(Flug)*

4. voyage *(Seereise)*
5. tour *(Rundreise)*
   How long is the ~? *Wie lange dauert die Reise?*

joy

1. pleasure *(Vergnügen)*
2. delight *(Freude)*
3. enjoyment *(Genuss)*
4. happiness *(Glück)*

joyless

1. sad *(traurig)*
2. downcast *(niedergeschlagen)*
3. drab *(trübsinnig)*

to judge

1. *JUR* pass judgement on *(ein Urteil fällen über)*
2. *JUR* condemn *(verurteilen)*
3. assess *(einschätzen)*

judge

1. magistrate *(Friedensrichter)*
2. (football, boxing) referee *(Schiedsrichter, Kampfrichter)*
3. (tennis, cricket) umpire *(Schiedsrichter)*
4. justice *(Richter)*

to jump

1. leap *(springen)*
2. skip *(überspringen)*
3. start *(zusammenzucken)*
4. hop, skip *(hüpfen)*
5. increase *(ansteigen)*

Hinweis

Leap und **jump** können auch figurativ für statistische Änderungen benutzt werden. **Skip** und **hop** beschreiben Bewegungen und **start** den Reflex des Zusammenzuckens.

just

1. *adv* only *(nur)*
2. at that/this moment *(gerade)*
3. a moment ago *(eben, soeben)*
4. barely *(gerade noch)*
5. *adj* fair *(fair, gerecht)*

juvenile

1. youthful *(jugendlich)*
2. immature *(unreif)*

Hinweis

Immature und **juvenile** können beleidigend sein, **youthful** kann als Kompliment verwendet werden.

K

to keep
1. retain *(behalten)*
2. stay *(bleiben)*
He stayed quiet the whole evening. *Er blieb den ganzen Abend ruhig.*
3. maintain *(halten)*
4. run *(führen)*
5. support, provide for *(unterstützen, versorgen)*
6. save *(aufheben)*

to keep on
continue *(weitermachen, nicht aufhören)*

to keep up
maintain *(instandhalten)*

to kill
1. murder *(ermorden)*
2. assassinate *(einen Mordanschlag verüben auf)*
3. slaughter *(schlachten)*
4. destroy *(vernichten)*

Hinweis ▶

Kill ist *kaltblütiger*, **murder** *geplanter Mord*, **manslaughter** ist *Totschlag* – **homicide** wird in der Polizeisprache verwendet und **slaughter** bezeichnet das brutale Töten mehrerer Lebewesen.

kind
1. *sb* sort, type *(Art, Sorte)*
2. *adj* nice *(nett)*
That's very ~of you. *Das ist sehr nett von Ihnen.*
3. friendly *(freundlich)*

to knock
1. hit *(stoßen)*
2. tap *(leise klopfen)*

knock
1. blow *(Stoß)*
2. setback *(Rückschlag)*

to know
1. be acquainted with *(kennen)*
2. get to know *(kennen lernen)*
3. recognise *(erkennen)*
4. experience *(erleben)*

Hinweis ▶

Die üblichste Übersetzung für **know** ist *etwas wissen* oder *jdn kennen*. **Experience** und **recognise** sind ungewöhnlich.

1. understanding *(Kenntnisse)* **knowledge**
2. experience *(Erfahrung)*
3. command *(Beherrschung)*

well-informed *(bewandert)* **knowledgeable**

L

shortage *(Knappheit, Mangel)* **lack**

1. boy *(Junge)* **lad**
2. youth *(junger Mann)*

1. woman *(Frau)* **lady**

1. country *(Land)* **land**
2. nation *(Nation)*
3. property *(Grund und Boden)*

mother tongue *(Muttersprache)* **language**

1. big *(groß)* **large**
2. extensive, vast *(weitreichend)*
3. huge *(riesig)*
4. enormous *(enorm)*

1. be enough *(reichen)* **to last**
2. continue, take *(dauern)*

1. final *(letzte, letzter, letztes)* **last**
2. previous *(vorig)*
3. ultimate *(letzter)*

1. finally *(schließlich)* **at last**
2. eventually *(schließlich)*

1. persevere *(durchhalten)* **to last out**
2. suffice *(ausreichen)*

1. delayed *(verspätet)* **late**
2. overdue *(überfällig)*
3. former *(vorig)*
4. deceased *(verstorben)*

law
1. rule *(Regel)*
2. act *(Gesetz)*
   the rent act *das Mietgesetz*
3. regulation *(Vorschrift)*

lawyer
1. *US* attorney *(Rechtsanwalt/Rechtsanwältin)*
2. solicitor *(Rechtsanwalt/Rechtsanwältin der/die nicht vor Gericht plädiert)*
3. barrister *(Rechtsanwalt/Rechtsanwältin bei Gericht)*

to lay
1. place, put *(legen)*
2. set *(setzen)*

to lay down
put down *(hinlegen)*

Hinweis ▶
To lay down the law heißt *gebieterisch auftreten* – In diesem Zusammenhang bedeutet es *etwas fest machen, klar machen.*

to lay the table
set the table *(den Tisch decken)*

lazy
1. idle *(müßig, untätig)*
2. lethargic, slow *(träge, langsam)*

Hinweis ▶
Idle wird auch für stillstehende Maschinen und Autos im Leerlauf verwendet.

to lead
1. be first (in a race) *(in Führung liegen)*
2. guide *(führen)*
3. accompany *(begleiten)*
4. go *(führen)*

leader
1. guide *(Leiter)*
2. head *(Oberhaupt)*

to lean
1. rest *(sich lehnen)*
2. slope *(sich neigen)*
3. tend *(tendieren)*

lean
1. slim *(schlank)*
2. thin *(dünn)*
3. poor *(mager)*
   It was a poor year for business. *Es war ein mageres Geschäftsjahr.*

1. study *(lernen)* **to learn**
2. (a job) train as *(ausgebildet werden als)*
3. *fam* swot, cram *(pauken)*

knowledge *(Wissen)* **learning**

1. smallest *(kleinste, kleinster, kleinstes)* **least**
2. slightest *(geringste, geringster, geringstes)*

1. depart *(weggehen)* **to leave**
2. depart from *(verlassen)*
3. desert *(verlassen – auch böswillig)*
4. remain *(übrig bleiben)*

omit *(weglassen)* **to leave out**

1. loan *(leihen)* **to lend**
2. give *(geben)*

1. class *(Unterrichtsstunde)* **lesson**
2. lecture *(Vorlesung)*

1. allow, permit *(erlauben)* **to let**
2. hire out *(vermieten)*
3. lease *(verpachten, vermieten)*

1. lower *(herunterlassen)* **to let down**
2. disappoint *(enttäuschen)*

1. release *(loslassen)* **to let go**
2. set free *(freilassen)*

tell s.o. *(jdm sagen)* **to let s.o. know**

deadly, fatal *(tödlich)* **lethal**

listless *(teilnahmslos)* **lethargic**

US mailbox *(Briefkasten)* **letterbox**

1. *adj* flat *(flach)* **level**
2. (voice) quiet *(ruhig, leise)*
3. (head) cool *(kühl)*
4. standard *(Niveau)*

to lie	1. be situated *(liegen)* 2. tell a lie/lies *(lügen)* 3. *fam* fib *(schwindeln)*
lie	1. untruth *(Unwahrheit)* 2. *fam* fib *(Schwindelei)* 3. white lie *(Notlüge)* 4. falsehood *(Unwahrheit)*
to lift	1. pick up *(aufheben)* 2. raise *(heben)*
to give s.o. a lift	pick up, give s.o. a ride *(jmd mitnehmen)*
lift	1. *US* elevator *(Fahrstuhl)* 2. ride *(Mitfahrgelegenheit)*
to light	1. illuminate *(beleuchten)* 2. ignite *(entzünden, anzünden)*
light	1. bright *(hell, leuchtend)* 2. slight *(gering, schwach)* 3. lamp *(Lampe)*
to like	1. be fond of *(gern haben)* 2. enjoy *(genießen)* 3. love *(lieben)* 4. be keen on *(begeistert sein)*
like	similar to *(ähnlich)*
What's ...like?	How is ...? *(Wie ist ...?)*
likely	probably *(wahrscheinlich)*
to limit	1. restrict *(beschränken, einschränken)* 2. confine *(einschränken, beschränken)*
limit	1. limitation *(Begrenzung)* 2. restriction *(Einschränkung)* 3. (city ~s) boundary *(Stadtgrenze)*
line	1. rope *(Seil, Leine)* 2. (on face) wrinkle *(Falte)*

3. row *(Reihe)*
4. queue *(Menschenschlange)*

to listen

1. hear *(hören)*
2. overhear *(zufällig mitbekommen)*
3. pay attention *(aufmerksam sein)*

little

1. small *(klein)*
2. tiny *(winzig)*
3. slight *(gering, unerheblich)*

◄ Hinweis

Small ist größer als **tiny**. **Slight** bedeutet *unerheblich*, aber auch *sehr dünn* bei Menschen.

to live

1. be alive *(leben, am Leben sein)*
2. exist *(existieren)*
3. survive *(überleben)*
4. reside *(wohnen)*
5. inhabit *(bewohnen)*

living

1. *adj* alive *(lebendig)*
2. *sb* livelihood, earnings *(Lebensunterhalt)*

to load

fill up *(auffüllen)*

◄ Hinweis

To fill up bedeutet *mit Benzin volltanken.*

loan

1. credit *(Kredit)*
2. mortgage *(Hypothek)*

local

1. regional *(regional)*
2. neighbourhood *(Nachbarschafts...)*

to lock

1. close, shut *(schließen)*
2. bolt *(verriegeln)*

lock

1. bolt *(Riegel)*
2. padlock *(Vorhängeschloss)*

lonely

1. alone *(allein)*
2. *US* lonesome *(einsam)*

long

1. lengthy *(langwierig, ausführlich)*
2. extended *(verlängert)*

3. lasting *(dauerhaft)*
4. long-term *(langfristig)*
5. (way) far *(weit)*

to long for

1. yearn for *(sich sehnen nach)*
2. *fam* be dying for *(sich sehnen nach)*

to look

1. glance *(flüchtig schauen)*
2. peek, peep *(verstohlen schauen)*
3. stare *(starren)*
4. seem, *appear (scheinen)*

to look after

1. care for *(sich kümmern um)*
2. take care of *(aufpassen auf)*
3. mind *(aufpassen auf)*

to look at

1. see *(sehen)*
2. watch *(zuschauen)*
3. observe *(beobachten)*
4. stare at *(anstarren)*
5. glance at *(kurz ansehen)*

to look for

search for *(durchsuchen)*

to look out

1. be careful *(aufpassen)*
2. take care *(vorsichtig sein)*

to look like

appear similar to *(ähnlich sein)*

look

1. appearance *(Aussehen)*
2. glance *(flüchtiger Blick)*
3. fashion *(Mode)*
4. stare *(Blick)*

loose

1. slack *(locker)*
2. immoral *(unmoralisch)*
3. (clothing) baggy *(weit)*

Hinweis ▶

Loose im Sinne von *unmoralisch* wurde im Bezug auf Frauen verwendet und ist veraltet. Heutzutage sagt man eher **promiscuous**.

to lose

1. mislay, misplace *(verlegen)*
2. be defeated/beaten *(besiegt werden)*

loss

1. defeat *(Niederlage)*
2. bereavement *(Verlust beim Tod eines Menschen)*

lot

1. fate *(Los, Schicksal)*
2. item *(Gegenstand bei einer Versteigerung)*
3. building site *(Baugrund)*
5. (a lot) quantity *(Menge)*

lots of

1. a lot of *(viel, viele)*
2. a great/large amount *(eine große Menge)*

to love

1. like *(mögen)*
2. be fond of *(gern haben)*
3. care for *(mögen)*
4. adore *(anbeten, schwärmen für)*

love

1. affection *(Zuneigung)*
2. fondness *(Zuneigung, Liebe)*
3. liking *(Vorliebe)*
   She has a ~for animals. *Sie hat eine Vorliebe für Tiere.*
4. friendship *(Freundschaft)*
5. adoration *(Anbetung)*

lovely

1. beautiful *(schön)*
2. pretty *(hübsch)*
3. nice *(nett, schön)*
4. delightful *(reizend)*
5. charming *(charmant)*
6. likeable *(liebenswert)*

low

1. deep *(tief)*
2. modest *(gering, bescheiden)*
3. (quality) poor *(schlecht, minderwertig)*
4. quiet *(leise)*

to lower

1. let down *(herunterlassen)*
2. reduce *(senken)*
3. decrease *(verringern)*

luck

1. chance *(Glück)*
2. fortune *(Glück)*
3. fate *(Schicksal)*

bad luck

misfortune *(Pech)*

lucky fortunate *(glücklich)*

luggage baggage *(Gepäck)*

lunch dinner *(Mittagessen als Hauptmahlzeit)*

M

mad
1. crazy *(verrückt)*
2. angry *(sauer)*
3. stupid *(verrückt, idiotisch)*
4. obsessed *(versessen)*

Hinweis ▶ **Crazy** bedeutet hier wörtlich *geisteskrank*, **angry** *zornig*, **stupid** *blöd* und **obsessed** *versessen*.

magazine
1. newspaper *(Tageszeitung)*
2. journal *(Zeitschrift)*
3. periodical *(Zeitschrift)*

mail
1. post *(Post)*
2. correspondence *(Korrespondenz)*

main
1. most important *(wichtigste, wichtigster, wichtigstes)*
2. major *(Haupt..., bedeutend)*
   a major road *eine Hauptverkehrsstraße*

to maintain
1. keep up *(aufrechterhalten, wahren, instandhalten)*
2. provide for *(versorgen)*
3. say *(behaupten)*

to make
1. create *(schaffen, erschaffen)*
2. produce *(herstellen)*
3. (a meal) cook, prepare *(kochen, vorbereiten)*
4. (a speech) give *(halten)*
5. (a house) build *(bauen)*
6. earn *(verdienen)*
7. reach *(erreichen)*
8. force, compel *(zwingen)*

to make do
1. manage *(handhaben)*
2. get by *(auskommen)*
3. *get along (auskommen)*

to make up
1. invent *(erfinden)*
2. come to an agreement *(sich einigen)*

make-up
1. cosmetics *(Kosmetik)*
2. build *(Körperbau)*

male
1. masculine *(männlich, wie ein Mann)*
2. manly *(männlich)*

man
1. *fam US* guy, *BE* chap *(Typ)*
2. male *(männliches Wesen)*
3. the human race *(Mensch, die menschliche Rasse)*
4. humankind *(die Menschheit)*

◄ Hinweis

Man hat früher **man** für die *menschliche Rasse* gesagt, aber heutzutage sagt man **the human race**. **Male** bedeutet einfach *männlich*, **guy** kommt meistens in den USA vor.

to manage
1. run *(führen, verwalten)*
2. cope *(zurechtkommen)*

management
1. leadership *(Leitung)*
2. administration *(Verwaltung)*

manner
1. kind *(Art)*
2. style *(Stil)*
3. ways *(Manieren)*
4. (-s) behaviour *(Benehmen)*

many
1. a lot (of) *(viele)*
2. lots (of) *(viele)*
3. a large number of *(eine große Anzahl von)*

to mark
1. characterize *(kennzeichen)*
2. damage *(beschädigen)*
3. (schoolwork) correct *(korrigieren)*
4. take note of *(etwas merken)*

mark
1. grade *(Note)*
2. spot, stain *(Fleck)*

market
1. grocery store *(Supermarkt)*
2. *ECO* demand *(Nachfrage)*

to marry — 1. wed *(heiraten)*
2. *fam* tie the knot *(heiraten)*

to match — 1. (colours) go with *(passen zu)*
2. correspond to *(entsprechen)*
3. equal *(gleichkommen)*

match — 1. game *(Spiel)*
2. competition *(Wettkampf)*
3. (boxing) fight *(Kampf)*

material — 1. cloth *(Stoff)*
2. fabric *(Stoff)*

matter — 1. question *(Frage)*
2. affair *(Angelegenheit, Sache)*
3. concern *(Sache)*

it doesn't matter — never mind *(Das macht nichts)*

What's the matter? — *fam GB* What's up? *(Was ist los?)*

Hinweis ▶ In den USA bedeutet **What's up?** *Wie geht's dir/was macht's du?*

meal — 1. food *(Essen)*
2. snack *(Imbiss)*

to mean — 1. have in mind *(meinen)*
2. stand for *(bedeuten)*
3. signify *(bedeuten)*

mean — 1. nasty *(bösartig)*
2. stingy *(geizig)*

meaning — 1. sense *(Sinn)*
2. significance *(Bedeutung, Tragweite)*

medicine — 1. medicament, medication *(Medikament)*
2. drugs *(medizinsche Präparate)*

Hinweis ▶ **Medicine** kann auch *ärztliche Wissenschaft* bedeuten, **medicament** und **medication** beziehen sich nur auf *Arzneimittel*.

1. encounter *(begegnen)* **to meet**
2. come across *(zufällig treffen)*
3. get to know *(kennen lernen)*
4. pick up, collect *(abholen)*
5. (expectations, wish) fulfil *(erfüllen)*

1. appointment *(Termin)* **meeting**
2. date *(Verabredung)*
3. conference *(Besprechung, Konferenz)*

1. recollection *(Erinnerung)* **memory**
2. reminder *(Erinnerung)*
3. souvenir *(Andenken)*

1. remark *(bemerken)* **to mention**
2. refer to *(erwähnen)*

1. You're welcome! *(Gern geschehen!)* **Don't mention it!**
2. Not at all! *(Nichts zu danken!)*

1. news *(Nachricht)* **message**
2. report *(Meldung)*

1. way, manner *(Art)* **method**
2. mode *(Art und Weise)*
3. process, procedure *(technisches Verfahren)*

centre *(Mitte, Zentrum)* **middle**

1. gentle *(sanft)* **mild**
2. light *(leicht)*
3. (Wetter) warm *(warm)*

1. look after *(aufpassen)* **to mind**
2. be careful of *(aufpassen auf)*
3. object *(etwas dagegen haben)*

1. *POL US* secretary *(Minister)* **minister**
2. priest, vicar *(Priester)*

1. avoid *(ausweichen, entgehen)* **to miss**
2. long for *(sich sehnen nach)*
3. leave out *(auslassen)*
4. overlook *(übersehen)*

Hinweis ► **To miss the train** bedeutet *den Zug verpassen.*

mistake
1. error *(Fehler)*
2. oversight *(Versehen)*

modern
1. up-to-date *(auf dem neuesten Stand, aktuell)*
2. latest *(neueste, neuester, neuestes)*
3. contemporary *(zeitgenössisch)*

money
1. cash *(Bargeld)*
2. currency *(Währung)*
3. change *(Kleingeld)*
4. *GB fam* dosh, *US fam* bucks *(Kohle)*

mood
1. atmosphere *(Stimmung)*
2. humour *(Laune)*
3. temper *(schlechte Laune)*

motor
1. car *(Auto)*
2. engine *(Motor)*
3. machine *(Maschine)*

mountain
1. peak *(Gipfel)*
2. hill *(Hügel)*

to move
1. shift *(woanders hinstellen)*
2. remove *(wegschaffen)*
3. relocate *(wiederherstellen)*
4. transport *(befördern)*
6. change flats/houses *(umziehen)*
7. (emotionally) touch, upset *(berühren, erschüttern)*

movement
1. (of the hand) gesture *(Geste)*
2. motion *(Bewegung)*

much
1. a lot (of) *(viel)*
2. lots (of) *(viel)*
3. a great deal (of) *(ziemlich viel)*

to murder
1. kill *(töten)*
2. assassinate *(einen Mordanschlag verüben auf)*

murder
1. homicide *(Mord)*
2. manslaughter *(Totschlag)*

1. killer *(Mörder)* **murderer**
2. assassin *(Meuchelmörder, Attentäter)*

have to *(müssen)* **must**

1. secret *(Geheimnis)* **mystery**
2. puzzle *(Rätsel)*

1. secretive *(geheimnisvoll)* **mysterious**
2. puzzling *(rätselhaft)*

N

1. call *(nennen)* **to name**
2. appoint *(ernennen)*

1. Christian, first name *(Vorname)* **name**
2. surname, last name *(Nachname)*
3. reputation *(Ruf)*

1. slender *(schmal)* **narrow**
2. limited *(beschränkt)*

1. country *(Land)* **nation**
2. state *(Staat)*
3. people *(Volk)*

1. state, public *(Staats...)* **national**
2. nationwide *(landesweit)*

1. normal *(normal)* **natural**
2. unaffected *(ungekünstelt)*

of course *(selbstverständlich)* **naturally**

1. wilderness *(Wildnis)* **nature**
2. temperament *(Temperament)*
3. character *(Charakter)*

◄ Hinweis

Character und **temperament** beziehen sich meist auf den Menschen, **wilderness** auf die Landschaft. Gebräuchliche Idiome: **Mother Nature** (*Mutter Natur*), **second nature** (*zweite Natur*).

near
1. *adj* close *(nahe)*
2. *adv* nearby *(in der Nähe)*
3. forthcoming *(bevorstehend)*
4. *prep* close to *(nahe an, in der Nähe von)*

necessary
1. important *(wichtig)*
2. required *(erforderlich)*
3. essential *(unbedingt notwendig)*

to need
1. require *(brauchen, benötigen)*
2. necessitate *(erforderlich machen)*

need
1. necessity *(Notwendigkeit)*
2. requirement *(Bedürfnis)*
3. poverty *(Armut)*

to neglect
1. forget *(vergessen)*
2. (advice) ignore *(nicht befolgen)*
3. (to do sth) fail *(unterlassen, versäumen)*

nervous
1. apprehensive *(ängstlich)*
2. timid, shy *(scheu)*
3. excited *(aufgeregt)*
4. tense *(angespannt)*

Hinweis ▶

Apprehensive heißt, dass man *Angst hat, etwas zu tun*. **Timid** verwendet man in der Bedeutung von *schüchtern*, während **excited** eine positive Bedeutung hat, z.B. *aufgeregt, angeregt*.

new
1. fresh *(frisch)*
2. modern *(modern)*

news
1. information *(Information)*
2. report *(Bericht)*

next
1. *adj* following *(folgend)*
2. *adv* afterwards *(danach)*

next to
beside *(neben)*

nice
1. pleasant *(angenehm)*
2. likeable *(sympathisch)*
3. pretty *(hübsch)*

night

1. evening *(Abend)*
2. dusk *(Adenddämmerung)*

nobody

no-one *(niemand)*

noise

1. sound *(Geräusch)*
2. *fam* din, row *(Lärm)*

normal

1. ordinary *(gewöhnlich)*
2. usual *(üblich)*
3. customary *(gewohnt)*

nose

sense of smell *(Geruchssinn)*

◄ Hinweis

To have a nose for sth heißt, dass man *eine gute Nase oder Instinkt für etwas* hat, z.B. she has a nose for trouble.

to note

1. notice *(bemerken, zur Kenntnis nehmen)*
2. remark *(bemerken, eine Bemerkung machen)*
3. write down *(notieren)*
4. mention *(erwähnen)*
5. take note of *(beachten)*

◄ Hinweis

Notice heißt *etwas merken*, **remark** heißt *etwas merken und sich darüber äußern*. **Please take note.** *Bitte beachten Sie.*

note

1. commentary *(Anmerkung)*
2. *(informal)* message *(Briefchen, Zettel)*
3. remark *(Vermerk)*
4. tone *(Ton)*

to notice

1. see *(sehen)*
2. realise *(merken, feststellen)*
3. perceive *(wahrnehmen)*

notice

1. notification *(Bescheid)*
2. announcement *(Ankündigung, Bekanntmachung)*
3. sign *(Schild)*

to give s.o. notice

1. dismiss *(entlassen)*
2. *fam* fire *(feuern)*
3. *fam* give s.o. the sack *(feuern)*

now

1. at the moment, at this very moment *(gerade)*
2. immediately *(sofort)*
3. at once, right away *(gleich)*
4. these days, nowadays *(heute, heutzutage)*

Hinweis ▶

Nowadays/these days verwendet man, wenn man Vergangenheit und Gegenwart vergleicht. **Immediately** und **at once** bedeuten *sofort, jetzt gleich* und **at the moment** bezieht sich auf *diesen Moment*.

now and again

1. from time to time *(von Zeit zur Zeit)*
2. occasionally *(gelegentlich)*

numb

1. stiff *(gefühllos, steif)*
2. listless *(teilnahmslos)*

number

1. figure *(Zahl, Ziffer)*
2. digit *(Ziffer)*
3. amount *(Menge)*

to nurse

1. take care of *(aufpassen, pflegen)*
2. (plants) tend *(hegen)*

O

to obey

1. follow *(befolgen)*
2. do what one is told *(tue wie dir geheißen)*

object

1. thing *(Ding)*
2. article *(Artikel)*
3. item *(Stück, Gegenstand)*
4. aim, objective *(Ziel)*

to observe

1. see *(sehen)*
2. notice *(bemerken, wahrnehmen)*
3. watch *(beobachten)*

obviously

1. clearly *(eindeutig)*
2. certainly *(gewiss)*

occasion

1. event *(Ereignis)*
2. opportunity *(Gelegenheit)*
3. case *(Fall)*

1. job *(Beruf)* **occupation**
2. employment *(Anstellung)*
3. work *(Arbeit)*

1. live in *(bewohnen)* **to occupy**
2. (a post) hold *(innehaben)*

sea *(Meer)* **ocean**

1. get *(holen, bringen)* **to offer**
2. provide *(anbieten, liefern)*

1. department *(Abteilung)* **office**
2. section *(Dienststelle)*
3. post, position *(Amt)*

1. frequently *(häufig)* **often**
2. regularly *(regelmäßig)*
3. many times *(oft)*

1. elderly *(älter, älterer, älteres)* **old**
2. ancient *(alt, uralt)*
3. second-hand, used *(gebraucht)*
4. out-of-date *(veraltet, über dem Verfallsdatum)*

Out-of-date hat sehr verschiedene Bedeutungen; im Zusammenhang mit Essen bedeutet es *über dem Verfallsdatum*, mit Mode und Ausdrücken bedeutet es *altmodisch*, mit Technologie bedeutet es *veraltet.* ◄ Hinweis

1. as soon as *(sobald)* **once**
2. at one time *(einmal)*

1. *adv* just, solely *(nur)* **only**
2. *adj* sole *(einzige, einziger, einziges)*
3. unique *(einzigartig)*

Just kann auch *gerecht* und *schon* (im Sinne von gerade eben) bedeuten. ◄ Hinweis

1. (a parcel, a coat) undo *(aufmachen)* **to open**
2. (a door) unlock *(aufschließen)*
3. (a trial, an exhibition) start *(eröffnen, beginnen)*
4. (a shop) set up *(aufmachen)*

open
1. unlocked *(unabgeschlossen)*
2. accessible *(zugänglich)*
3. unsettled *(ungeklärt)*
4. exposed *(ungeschützt)*
5. frank *(offen, ehrlich)*

opening
1. gap, hole *(Lücke, Loch)*
2. opportunity *(Möglichkeit)*
3. beginning, start *(Anfang)*

to operate
1. (a machine) function *(funktionieren)*
2. work *(handhaben)*
3. (a business) manage, run *(betreiben, führen)*

operation
surgery *(Chirurgie)*

opinion
1. belief, conviction *(Überzeugung)*
2. point of view *(Standpunkt)*

opportunity
1. chance *(Chance)*
2. opening *(berufliche Möglichkeit)*

to oppose
1. fight *(bekämpfen)*
2. compare *(zwei Sachen einander gegenüberstellen)*

opposite
1. facing *(gegenüberliegend)*
2. contrary *(entgegengesetzt)*

to oppress
1. suppress *(unterdrücken, beherrschen)*
2. weigh down *(bedrücken)*

to order
1. command *(befehlen)*
2. *MED* prescribe *(verordnen)*
3. place an order *(bestellen)*
4. send for *(anfordern)*

order
1. command *(Befehl)*
2. sequence *(Reihenfolge)*
3. system *(System, Ordnung)*
4. (working) condition *(Zustand)*
5. discipline *(Disziplin, Ordnung)*

ordinary
1. normal *(normal)*
2. usual *(üblich)*

otherwise *(sonst)* **or else**

1. prepare *(vorbereiten)* **to organise**
2. sort out *(sortieren, ordnen)*
3. plan *(einteilen)*
4. arrange *(organisieren, ausrichten)*

1. first *(erste, erster, erstes)* **original**
2. eccentric *(exzentrisch)*
3. unconventional *(unkonventionell)*

1. atrocity *(Gräueltat)* **outrage**
2. scandal *(Skandal)*

1. *sb* exterior *(Außenseite, Äußeres)* **outside**
2. *adj* external *(Außen...)*
3. outdoor *(Außen...)*
4. *adv* outdoors *(draußen, im Freien)*

1. open *(offen)* **outspoken**
2. frank *(frei)*

Wenn jemand **outspoken** ist, dann ist er *unverblümt*. Dies ist stärker als **open** oder **frank**. ◄ Hinweis

excellent *(hervorragend)* **outstanding**

1. *prep* above *(über)* **over**
2. on the other side of *(auf der anderen Seite von)*
3. across *(über)*
4. more than *(mehr als)*
5. *adv* finished, ended *(vorbei, zu Ende)*

1. finished *(fertig)* **all over**
2. everywhere *(überall)*

be in debt *(Schulden haben)* **to owe**

1. have *(haben)* **to own**
2. possess *(besitzen)*
3. admit *(zugeben, zugestehen)*

1. (a shop) proprietor(ess) *(Inhaber/-in)* **owner**
2. (a driving licence, a passport) holder *(Inhaber)*

P

to pack
1. package *(verpacken)*
2. wrap (up) *(einwickeln)*

packet
1. package *(Paket)*
2. parcel *(Paket)*
3. box *(Schachtel)*

pain
1. ache *(dumpfer Schmerz, Schmerzen)*
2. (mental) anguish *(Qual)*
3. (~s) trouble *(Mühe)*

painful
1. aching, hurting *(schmerzend)*
2. (a memory) unpleasant *(unangenehm)*
3. embarrassing *(peinlich)*

to paint
1. decorate *(anstreichen)*
2. draw *(zeichnen)*
3. portray *(ein Porträt malen)*

pale
1. white *(weiß)*
2. light *(hell)*

pan
1. saucepan *(Kochtopf)*
2. frying-pan, *US* skillet *(Bratpfanne)*

paper
1. newspaper *(Zeitung)*
2. document *(Schriftstück)*

park
1. garden *(Garten)*
2. green *(Grünfläche)*

Hinweis ▶

Green ist das *Gemeindeland* mitten im Dorf (auch **village green**). **Park** kann in der Stadt und auf dem Land sein (**parkland** bedeutet Parklandschaft).

car park
US parking lot *(Parkplatz)*

to part
1. divide *(trennen)*
2. separate *(sich trennen)*

part
1. piece *(Stück)*
2. portion *(Portion)*

3. share *(Anteil)*
4. role *(Rolle)*

to take part

1. participate *(teilnehmen)*
2. join in *(mitmachen)*

particular

1. special *(besondere, besonderer, besonderes)*
2. fussy *(eigen)*
3. choosy *(wählerisch)*

particularly

1. especially *(besonders)*
2. above all *(vor allem)*

party

1. celebration *(Feier)*
2. get-together *(Treffen)*
3. reception *(Empfangsabend, Hochzeitsfeier)*
4. group *(Gruppe)*

Hinweis

Celebration ist formeller als **get-together**, **reception** wird meistens in der Bedeutung *Hochzeitsfeier* verwendet. **A party of schoolchildren** *eine Gruppe Schulkinder*.

to pass

1. go/walk past *(vorbeigehen)*
2. drive past *(vorbeifahren)*
3. overtake *(überholen)*
4. hand *(reichen)*
5. (time) spend *(verbringen)*

past

1. *adj* previous *(frühe, früher, frühes)*
2. earlier *(frühe, früher, frühes)*
3. (time *US*) after *(nach)*

patience

1. endurance *(Durchhaltevermögen)*
2. tolerance *(Toleranz)*

patient

tolerant *(tolerant)*

to pause

1. hesitate *(zögern)*
2. stop *(anhalten)*

pause

1. break *(Pause)*
2. interruption *(Unterbrechung)*
3. hesitation *(Zögern)*

pavement — *US* sidewalk *(Bürgersteig)*

to pay
1. afford *(sich leisten)*
2. reward *(belohnen)*
3. be profitable *(sich lohnen)*

pay
1. wages *(Lohn)*
2. salary *(Gehalt)*
3. money *(Geld)*
4. income *(Einkommen)*
5. earnings *(Verdienst)*

peace
1. quiet *(Ruhe)*
2. tranquillity *(Ruhe, Stille)*
3. silence *(Stille)*

people
1. persons *(Personen)*
2. population *(Bevölkerung)*
3. inhabitants *(Bevölkerung)*

perfect
1. ideal *(ideal)*
2. utter, absolute *(völlig)*
3. excellent *(hervorragend)*

to perform
1. (a part) play, act *(spielen)*
2. carry out *(durchführen)*

performance
1. fulfilment *(Pflichterfüllung)*
2. carrying out *(Durchführung)*

perhaps
1. maybe *(vielleicht)*
2. possibly *(möglicherweise)*

permission
1. allowance *(Erlaubnis)*
2. authorisation *(Genehmigung, Bevollmächtigung)*
3. approval *(Billigung, Zustimmung)*
4. consent *(Einwilligung)*

person
1. human being *(Mensch)*
2. individual *(Individuum, Einzelperson)*

personal
1. private *(privat)*
2. secret *(geheim)*
3. individual *(individuell)*

1. staff *(Belegschaft)* 2. employees *(Angestellte, Arbeitnehmer)*	**personnel**
US gas(oline) *(Benzin)*	**petrol**
1. call *(anrufen)* 2. *fam* give s.o. a ring, ring s.b. up *(anrufen)*	**to phone**
1. choose *(auswählen)* 2. select *(pflücken)*	**to pick**
1. lift *(hochheben)* 2. collect, fetch *(abholen)* 3. learn *(lernen)*	**to pick up**

Hinweis: **To pick s.o. up, to give s.o. a lift, to collect s.o.** bedeuten alle *jdn abholen*. **Lift** und **pick up** bedeuten auch *jdn hochheben*.

1. photograph *(Foto)* 2. painting *(Gemälde)* 3. drawing *(Zeichnung)*	**picture**
1. part *(Teil)* 2. article *(Artikel)* 3. fragment *(Bruchstück)*	**piece**
1. mercy *(Gnade)* 2. compassion *(Mitgefühl, Mitleid)* 3. sympathy *(Verständnis)*	**pity**
What a shame! *(Wie Schade!)*	**What a pity!**
1. put *(setzen, stellen, legen)* 2. remember *(sich erinnern)* 3. (money) deposit *(deponieren)*	**to place**
1. town *(Ort)* 2. district, area *(Gegend)* 3. house, flat *(Haus, Wohnung)* 4. spot *(Stelle, Fleckchen)*	**place**
1. happen *(passieren, geschehen)* 2. occur *(sich ereignen, vorkommen)*	**to take place**

plain
1. clear *(klar)*
2. obvious *(offensichtlich)*
3. straightforward *(klar)*
4. frank *(offen)*
5. ugly *(unansehnlich)*

to plan
1. arrange *(planen)*
2. intend *(beabsichtigen)*

plan
1. scheme *(Plan, Programm)*
2. project *(Projekt)*
3. diagram *(Diagramm, Schaubild)*

plane
aircraft, aeroplane *US* airplane *(Flugzeug)*

to play
1. act *(schauspielen)*
2. (the fool) fool around *(herumalbern)*
3. pretend *(so tun, als ob)*

pleasant
1. nice *(nett, schön)*
2. friendly *(freundlich)*
3. enjoyable *(vergnüglich)*
4. (change) welcome *(angenehm)*

Hinweis ▶
Nice und **friendly** beziehen sich auf Menschen, **enjoyable** auf Ereignisse, **welcome** auf Änderungen.

to please
1. give pleasure to *(eine Freude machen)*
2. satisfy *(zufrieden stellen)*

pleasure
1. enjoyment *(Vergnügen)*
2, amusement *(Belustigung)*
3. fun *(Spaß)*
4. satisfaction *(Zufriedenheit)*

plenty of
a lot of, lots of *(viele, viele)*

to point
1. aim *(zielen, richten)*
2. indicate *(hinweisen)*

point
1. dot *(Punkt)*
2. (of a pencil, knife) tip *(Spitze)*
3. place *(Stelle)*
4. purpose *(Zweck)*

point of view
1. view *(Ansicht)*
2. opinion *(Meinung)*

polite
1. friendly *(freundlich)*
2. well-mannered *(mit guten Manieren)*

poor
1. impoverished *(arm, verarmt)*
2. *fam* badly-off *(arm)*
3. *fam* skint *(pleite)*

popular
1. well-liked *(beliebt)*
2. widespread *(weitverbreitet)*

position
1. location *(Platz, Stelle, Standort)*
2. situation *(Situation)*
3. job, post *(Stelle)*

to possess
1. have *(haben)*
2. own *(besitzen)*

possession
ownership *(Besitz)*

possessions
1. property *(Besitz)*
2. belongings *(Besitz, Habe)*

possibility
1. chance *(Chance)*
2. opportunity *(Gelegenheit)*

possible
potential *(potenziell)*

to post
1. (*US*: a letter) mail *(abschicken)*
2. send *(schicken)*

post
1. *US* mail *(Post)*
2. job, position *(Stelle)*

power
1. ability *(Fähigkeit)*
2. (physical) strength *(Kraft)*
3. force *(Stärke, Gewalt)*
4. authority *(Authorität)*
5. energy *(Energie)*

powerful
1. influential *(einflussreich)*
2. strong *(stark)*

practical
1. useful *(nützlich)*
2. handy *(praktisch)*
3. convenient *(zweckmäßig)*

practice
1. (a play) rehearsal *(Probe)*
2. exercise *(Übung)*
3. training *(Training)*

to practise
1. exercise *(üben)*
2. train *(trainieren)*
3. (a play) rehearse *(proben)*

to praise
1. compliment *(ein Kompliment machen)*
2. flatter *(schmeicheln)*

precious
1. valuable *(wertvoll)*
2. costly *(kostspielig)*
3. priceless *(unschätzbar)*

to prefer
1. favour *(bevorzugen)*
2. would rather do *(lieber tun)*

prejudice
bias, stereotype *(Vorurteil)*

Hinweis ► **Prejudice** ist stärker als **bias. Bias** bedeutet auch wörtlich *schiefe Seite*.

to prepare
1. get ready *(fertig machen)*
2. cook *(kochen)*
3. arrange *(arrangieren)*
4. plan *(planen)*

present
1. *sb* gift *(Geschenk)*
2. *adj* in attendance *(anwesend)*
3. existing *(vorhanden)*
4. current *(gegenwärtig, derzeitig)*

to press
1. push *(drängeln)*
2. squeeze *(drücken, ausdrücken)*

press
media *(Medien)*

pressure
1. influence *(Einfluss)*
2. stress *(Stress)*

pretty

1. lovely *(schön)*
2. nice *(nett)*
3. beautiful *(wunderschön)*
4. good-looking *(gutausehend)*

to prevent

stop *(abhalten)*

price

1. cost *(Kosten)*
2. fee *(Gebühr, Honorar)*
3. charge *(Gebühr)*

pride

arrogance *(Hochmut)*

priest

1. clergyman *(Geistlicher)*
2. vicar *(Pfarrer)*

prison

1. jail, *UK* gaol *(Gefängnis)*
2. *US* penitentiary *(Strafanstalt)*

prisoner

1. convict *(Strafgefangene)*
2. hostage *(Geisel)*

private

1. personal *(persönlich)*
2. secret *(geheim)*
3. confidential *(vertraulich)*

probable

likely *(wahrscheinlich)*

problem

1. worry *(Sorge)*
2. difficulty *(Schwierigkeit)*

to produce

1. make *(machen)*
2. manufacture *(herstellen)*
3. bring out *(hervorholen)*
4. cause *(erzeugen, hervorufen)*

product

1. manufacture *(industrielle Erzeugnisse)*
2. *AGR* produce *(Produkte)*

production

manufacturing *(industrielle Herstellung)*

programme

1. TV broadcast *(Sendung)*
2. plan *(Plan)*
3. schedule *(Zeitplan)*

progress 1. improvement *(Verbesserung)*
2. advance *(Fortschritt)*

project plan *(Vorhaben)*

to promise 1. assure *(versichern)*
2. commit o.s. *(sich verpflichten)*
3. swear *(schwören)*

Hinweis ► **Swear** bedeutet auch *fluchen*. **To commit s.o. to gaol** heißt *jmd zu Gefängnis verurteilen*, **to commit sth to paper** heißt *etwas zu Papier bringen*.

promise 1. pledge *(Versprechen)*
2. prospect *(Aussicht)*

proof evidence *(Beweise)*

property 1. possession(s) *(Besitz)*
2. belongings *(Habe)*

to protect guard *(schützen, bewachen)*

proud arrogant *(hochmütig)*

to prove 1. show *(zeigen)*
2. demonstrate *(beweisen)*
3. verify *(beweisen)*

pub 1. inn *(Gasthaus)*
2. bar *(Bar)*

to pull 1. drag *(schleppen, schleifen)*
2. draw *(ziehen)*

to pull down 1. demolish, knock down *(abreißen)*
2. (clothing) take down *(runterziehen)*

to punish 1. *JUR* sentence *(verurteilen)*
2. *SPORT* penalise *(bestrafen)*
3. fine *(mit einer Geldstrafe belegen)*

pupil 1. schoolboy/girl *(Schüler/-in)*
2. student *(Student, älterer Schüler)*

purpose
1. intention *(Absicht)*
2. aim, goal *(Ziel)*
3. reason *(Grund)*

on purpose
deliberately *(absichtlich)*

push
1. shove *(schieben, schubsen)*
2. press *(drücken)*
3. promote *(propagieren)*
4. put pressure on *(drängen)*

to put
1. stand *(stellen)*
2. place *(stellen, setzen)*
3. lay *(legen)*
4. push in *(stecken)*

to put aside
save *(beiseite legen)*

to put down
1. (animals) put to sleep *(einschläfern)*
2. insult *(beleidigen)*

to put off
1. turn off, switch off *(ausschalten)*
2. leave until a later date *(aufschieben)*

to put on
1. turn on, switch on *(einschalten)*
2. try on (clothes)
3. to fake doing something *(vortäuschen)*

to put forward
propose, suggest *(vorschlagen)*

to put together
assemble *(zusammenfügen)*

to put up with
1. accept *(hinnehmen)*
2. tolerate *(dulden)*

Q

quaint
1. picturesque *(malerisch)*
2. odd *(kurios)*

quality
1. (high) excellence *(Vorzüglichkeit)*
2. characteristic *(Merkmal)*
   They are known for ~. *Sie sind bekannt für Qualität.*

	3. property *(Eigenschaft)* 4. nature *(Art)*
quantity	amount *(Menge)*
quarrel	1. argument *(Streit)* 2. dispute *(Auseinandersetzung)* 3. disagreement *(Uneinigkeit)*
Hinweis ▶	**Quarrel** bezieht sich hauptsächlich auf Kinder, **argument** auf alle Menschen. **Dispute** und **disagreement** können auch in geschäftlichen Situationen verwendet werden.
quarter	1. area, district *(Gegend)* 2. part of the city *(Stadtteil)* 3. a fourth *(Viertel)*
question	1. query *(Frage)* 2. enquiry *(Anfrage, Erkundigung)* 3. doubt *(Zweifel)* 4. matter *(Frage)*
queue	1. *US* line *(Schlange)* 2. row *(Reihe)*
quick	1. fast *(schnell)* 2. short *(kurz)* 3. (mind) lively *(lebhaft, wach)*
quiet	1. calm *(ruhig)* 2. silent *(still)* 3. soft *(leise)*
quite	1. rather *(ziemlich, sehr)* 2. *fam* pretty *(ziemlich)*
Hinweis ▶	**Rather** ist stärker als **pretty** und **quite** (man kann **rather** auch mit sehr übersetzen).
to quiver	tremble *(zittern)*
quote	1. cite *(zitieren)* 2. quotation *(Zitat)*

R

to race

1. rush *(rennen, hetzen)*
2. hurry *(beeilen)*

to rain

1. pour (down) *(schütten)*
2. drizzle *(nieseln)*

rain

1. rainfall *(Niederschlag)*
2. drizzle *(Nieselregen)*
3. shower *(Regenschauer)*
4. downpour *(Wolkenbruch, Platzregen)*

Hinweis

Natürlich gibt es im Englischen viele Wörter für Regen. **Drizzle** ist *Nieselregen*, **a shower** ist ein *Schauer*, **rainfall** und **rain** sind allgemein und **downpour** ist ein *Wolkenbruch*. **It's coming down in buckets**. *Es schüttet wie aus Kübeln*.

rather

1. quite *(ziemlich)*
2. fairly *(ziemlich)*
3. *fam* pretty *(ziemlich)*
4. sooner *(eher, lieber)*

to reach

arrive at *(erreichen, ankommen)*

ready

1. finished *(fertig)*
2. prepared *(vorbereitet)*
3. willing *(bereit, gewillt)*

real

1. genuine *(echt)*
2. right, true *(richtig)*
3. actual *(tatsächlich)*

to realise

1. recognise *(einsehen)*
2. discover, understand *(feststellen, begreifen)*
3. achieve *(verwirklichen)*

really

actually *(tatsächlich)*

reason

1. justification *(Rechtfertigung)*
2. cause *(Ursache)*
3. logic *(Logik)*
4. common sense *(gesunder Menschenverstand)*

to receive
1. get *(bekommen)*
2. greet *(grüßen)*
3. welcome *(Willkommen heißen)*

recently
1. a short time ago *(vor kurzem)*
2. the other day *(neulich)*

to recommend
suggest *(vorschlagen)*

record
1. disc *(Schallplatte)*
2. account *(Aufzeichnung)*
3. document *(Unterlage)*
4. file *(Akte)*
5. history *(Vorgeschichte)*

Hinweis ▶
File heißt auch *Ordner* und *Computerdatei*, und **Disc** ist auch eine *Diskette*. **Account** bedeutet auch *Konto*.

to reduce
1. decrease *(verringern)*
2. lower *(senken)*
3. shorten *(verkürzen)*
4. cut *(kürzen)*

to refuse
1. decline *(höflich ablehnen)*
2. turn down *(ablehnen, zurückweisen)*
3. reject *(abweisen)*
4. deny s.o. sth *(jdm etw verweigern)*

refusal
1. rejection *(Ablehnung)*
2. denial *(Weigerung)*

to regret
1. be sorry *(traurig sein)*
2. apologise *(sich entschuldigen)*

regular
1. normal *(normal)*
2. habitual *(gewohnt, gewohnheitsmäßig)*
3. symmetrical *(symmetrisch)*

regularly
1. often *(oft)*
2. normally *(normalerweise)*
3. frequently *(häufig)*

relation
1. relative *(Verwandte)*
2. relationship *(Beziehung)*

relationship
1. connection *(Verbindung)*
2. friendship *(Freundschaft)*
3. (love) affair *(Affäre)*

religion
1. faith *(Glaube, Bekenntnis)*
2. belief *(Glaube)*

to remain
1. stay *(bleiben)*
2. be left (over) *(übrig bleiben)*

to remark
1. say *(sagen)*
2. mention *(erwähnen)*
3. comment *(bemerken, eine Bemerkung machen)*

remark
comment *(Bemerkung)*

remarkable
1. unusual *(ungewöhnlich)*
2. outstanding *(hervorragend)*
3. extraordinary *(außergewöhnlich)*
   She is a ~ lady. *Sie ist eine außergewöhnliche Frau.*
4. strange *(merkwürdig)*

to remember
1. recall, recollect *(sich erinnern an)*
2. commemorate *(bedenken)*
3. bear in mind *(denken an)*

to remind
1. point out *(hinweisen auf)*
2. call attention to *(Aufmerksamkeit lenken auf)*

to remit
1. cancel *(erlassen)*
2. send *(überweisen)*
3. postpone *(verschieben)*

to remove
1. take away *(entfernen)*
2. take off, detach *(abnehmen)*
3. get rid of, throw out *(loswerden, beseitigen)*

to rent
1. let *(vermieten)*
2. hire *(mieten, leihen)*
3. lease *(pachten, vermieten)*
4. rip, tear *(reißen)*

rent
1. rental *(Miete für einen Gegenstand)*
2. charge *(Miete für eine Dienstleistung)*

to repair	1. mend *(reparieren)* 2. fix *(in Ordnung bringen)*
to replace	1. put back *(zurücksetzen/stellen/legen)* 2. substitute *(ersetzen)* 3. stand in for *(vertreten)*
to reply	1. answer *(antworten)* 2. respond *(antworten, erwidern)*
to request	1. ask for *(bitten um)* 2. demand *(verlangen)*
request	1. question *(Frage)* 2. enquiry *(Anfrage, Erkundigung)* 3. wish *(Wunsch)*
to require	need *(brauchen)*
requirement	1. need *(Bedürfnis)* 2. necessity *(Notwendigkeit)*
rescue	1. saving *(Rettung)* 2. freeing *(Errettung)*
reservation	1. booking *(Reservierung)* 2. doubt *(Zweifel)*
to reserve	1. book *(buchen)* 2. keep, save, put aside *(aufheben)*
to resign	1. give/hand in one's notice *(kündigen)* 2. (oneself) to accept sth. *(akzeptieren)*
to respect	1. think highly of *(achten)* 2. look up to s.o. *(zu jdm aufsehen)* 3. admire *(bewundern)*
respect	1. esteem *(Wertschätzung)* 2. admiration *(Bewunderung)* 3. aspect *(Hinsicht)*
respectable	1. decent *(anständig)* 2. honourable

responsible

1. reliable *(zuverlässig)*
2. liable *(haftbar)*
3. trustworthy *(vertrauenswürdig)*
4. guilty *(schuldig)*

to rest

1. relax *(sich entspannen)*
2. have/take a break *(Pause machen)*

rest

1. break *(Pause)*
2. relaxation *(Entspannung)*
3. remainder *(Reste)*

restraint

1. restriction *(einschränken)*
2. control *(Beherrschung)*

result

1. outcome *(Ergebnis)*
2. consequence *(Folge)*
3. *SPORT* score *(Spielergebnis)*

Hinweis

Result und **score** kommen häufig in Verbindung mit Sport vor, **outcome** wird ähnlich gebraucht aber etwas weniger häufig. **Consequence** und **effect** beziehen sich eher auf Nachwirkungen.

to return

1. come back *(zurückkommen)*
2. give back *(zurückgeben)*
3. (a letter) send back *(zurückschicken)*

rich

1. wealthy *(reich)*
2. well-off, prosperous *(begütert)*

to ride

1. (a bicycle) cycle *(Rad fahren)*
2. (on a bus, in a car) go by *(fahren mit)*

ride

1. trip *(Fahrt)*
2. journey *(Fahrt)*

right

1. correct *(richtig)*
2. true *(wahr)*
3. proper *(richtig)*

to risk

1. dare *(wagen)*
2. endanger *(gefährden)*
3. *fig* gamble, stake *(aufs Spiel setzen)*

risk
1. danger *(Gefahr)*
2. hazard *(Gefahr, Risiko)*
3. *fig* gamble *(Risiko)*

road
1. street *(Straße in einer Stadt)*
2. main road *(Hauptstraße)*
3. motorway, *US* freeway, parkway *(Autobahn)*
4. *US* highway *(Landstraße)*

to rob
1. steal *(stehlen)*
2. mug *(überfallen)*
3. burgle *(einbrechen)*

rock
1. stone *(Stein, Gestein)*
2. boulder *(Felsbrocken)*

rough
1. uneven *(uneben, holprig)*
2. coarse *(ungehobelt)*
3. violent *(gewalttätig)*
4. approximate *(ungefähr)*

round
1. *adj* circular *(kreisförmig)*
2. *adv* around *(um ... herum)*
3. around, about *(ungefähr)*

rude
1. impolite *(unhöflich)*
2. bad-mannered, ill-mannered *(unhöflich)*

to ruin
1. spoil *(verderben)*
2. destroy *(zerstören)*

ruin
downfall *(Untergang)*

to rule
1. control *(beherrschen)*
2. dominate *(dominieren)*
3. govern *(regieren)*

rule
law *(Gesetz)*

to run
1. jog *(joggen)*
2. flee *(davonlaufen)*
3. flow *(fließen)*
4. (a machine) function *(funktionieren)*
5. (a business) manage *(führen, leiten)*

flee, escape *(weglaufen)* **to run away**

bump into *(zufällig treffen)* **to run into**

Run into benutzt man meistens im übertragenen Sinne für *jdn zufällig treffen*; es kann aber auch wörtlich gemeint sein. ◄ Hinweis

1. run, race *(rennen)* **to rush**
2. hurry *(sich beeilen)*

S

1. unhappy *(unglücklich)* **sad**
2. miserable *(bedrückt)*
3. depressed *(deprimiert)*

1. out of danger *(in Sicherheit)* **safe**
2. secure *(sicher)*
3. (a structure) stable *(stabil, sicher)*

Secure bedeutet *fest*, und **safe** *Tresor*. **Stable** kann man auch im übertragenen Sinne verwenden für *ausgeglichen* oder *gesundheitlich stabil*. ◄ Hinweis

security *(Sicherheit)* **safety**

1. income *(Einkommen)* **salary**
2. pay *(Bezahlung)*
3. wages *(Lohn)*
4. earnings *(Verdienst)*

deal *(Geschäft)* **sale**

1. *adj* identical *(identisch)* **same**
2. equal, alike *(gleich)*

1. contentment *(Zufriedenheit)* **satisfaction**
2. fulfillment *(Erfüllung)*

1. sufficient *(ausreichend)* **satisfactory**
2. acceptable *(annehmbar)*

satisfied content, pleased *(zufrieden)*

to satisfy 1. please *(zufrieden stellen)*
2. fulfil *(erfüllen, genügen)*

to save 1. rescue *(retten)*
2. economise *(sparen, sparsam sein)*

to say 1. mention *(erwähnen)*
2. remark *(bemerken)*
3. announce, pronounce *(ankundigen, aussprechen)*
4. tell *(erzählen)*

scene 1. setting *(Schauplatz)*
2. fuss *(Szene)*

schedule timetable *(Zeitplan, Fahrplan)*

school 1. college *(Schule, College)*
2. comprehensive *(Gesamtschule)*

Hinweis ►

School of thought ist eine *akademische Denkschule*. Auf Englisch kann man auch **line of argument** sagen: dies hat aber eine breitere Bedeutung.

to scratch 1. scrape *(kratzen)*
2. cancel

sea ocean *(Ozean)*

to search 1. look for *(suchen)*
2. *fig* hunt for *(suchen)*

seat 1. place *(Platz)*
2. chair *(Stuhl)*

to take a seat sit down *(hinsetzen)*

secret 1. private *(privat)*
2. confidential *(vertraulich)*

to see 1. notice *(merken)*
2. understand *(verstehen)*
3. meet *(treffen)*

deal with *(sich kümmern um)*	**to see to**
appear *(scheinen)*	**to seem**
rarely *(selten)*	**seldom**
1. egoistic *(egoistisch)* 2. self-centred	**selfish**
1. trade *(handeln)* 2. deal in *(handeln in)* 3. market *(vertreiben)*	**to sell**
1. post, *US* mail *(mit der Post schicken)* 2. dispatch *(senden, schicken)*	**to send**
1. feel *(fühlen)* 2. perceive *(wahrnehmen)*	**to sense**
1. meaning *(Bedeutung)* 2. instinct *(Instinkt)*	**sense**
1. stupid *(unvernünftig)* 2. unconscious *(bewusstlos)*	**senseless**
1. reasonable *(vernünftig)* 2. rational *(rationell)*	**sensible**
1. *GRAMM* phrase *(Phrase)* 2. *GRAMM* clause *(Satz)* 3. punishment *(Strafe)*	**sentence**
1. part *(sich trennen)* 2. divorce *(sich scheiden lassen)* 3. divide (up) *(aufteilen)*	**to separate**
1. different *(verschieden)* 2. distinct *(getrennt)*	**separate**
1. grave *(ernsthaft)* 2. critical *(kritisch)*	**serious**
1. wait on *(bedienen)* 2. (as) act/function as *(funktionieren als)*	**to serve**

service	1. duty *(Pflicht)* 2. operation *(Betrieb)* 3. maintenance *(Wartung)*
to set	1. put, place *(setzen, stellen, legen)* 2. adjust *(einstellen)*
to set up	1. establish, found *(gründen)* 2. start *(beginnen, anfangen)*
several	1. a few, some *(einige)* 2. different *(verschiedene)*
to shake	1. tremble, shiver *(zittern)* 2. quake *(beben)* 3. shock *(erschüttern)*
shame	1. embarrassment *(Verlegenheit)* 2. disgrace *(Schande)* 3. pity *(Jammer)*
shape	1. form *(Form)* 2. figure *(Gestalt)*
to share	1. divide *(teilen)* 2. have in common *(gemeinsam haben)*
sharp	1. pointed *(spitz)* 2. observant *(scharfsinnig)* 3. (taste) sour *(sauer)*
sheet	1. (of paper) piece *(Blatt)* 2. bed linen *(Bettwäsche)*
to shelter	1. protect *(schützen)* 2. (a criminal) hide *(verstecken)*
to shine	1. polish *(polieren)* 2. glow *(leuchten)* 3. gleam *(glänzen)*
ship	1. boat *(Boot)* 2. liner *(Passagierschiff)* 3. ferry *(Fähre)*

to shock

1. shake *(erschüttern)*
2. frighten *(erschrecken)*
3. outrage *(empören)*

shop

1. *US* store *(Laden)*
2. department store *(Kaufhaus)*
3. supermarket *(Supermarkt)*

◄ Hinweis

Store bedeutet in den USA *Laden*, in Großbritannien *Lager*. Man sagt **warehouse** in den USA (und Großbritannien) für *Lager*.

shore

1. beach *(Strand)*
2. coast *(Küste)*

short

1. (person) small *(klein)*
2. brief *(kurz)*
3. (reply) curt *(knapp)*

to shout

1. call *(rufen)*
2. scream, cry *(schreien)*
3. yell *(brüllen)*
4. cheer *(jubeln)*

to show

1. display, exhibit *(zeigen, ausstellen)*
2. be visible *(sichtbar sein)*
3. demonstrate *(vorführen)*
4. prove *(beweisen)*
5. reveal *(zum Vorschein bringen)*

to show up

1. turn up *(sich blicken lassen)*
2. expose *(bloßstellen)*

show

1. exhibition *(Ausstellung)*
2. fair *(Messe)*
3. performance *(Aufführung)*

shrewd

1. clever *(klug)*
2. crafty *(schlau)*

to shut

close *(schließen, zumachen)*

shy

1. timid *(scheu)*
2. reserved *(zurückhaltend)*

sick 1. ill *(krank)*
2. unwell *(unwohl)*

side 1. edge *(Rand)*
2. aspect *(Aspekt)*

sight 1. glimpse *(Blick)*
2. spectacle *(Anblick)*
3. place of interest *(Sehenswürdigkeit)*

sign 1. gesture *(Geste)*
2. indication *(Anzeichen)*
3. trace *(Spur)*

significant 1. important *(wichtig)*
2. meaningful *(bedeutungsvoll)*

silent 1. quiet *(ruhig)*
2. peaceful *(friedlich)*

silly 1. stupid *(dumm)*
2. ridiculous *(lächerlich)*
3. foolish *(töricht)*
4. absurd *(albern)*

simple 1. easy *(leicht)*
2. basic *(einfach, schlicht)*
3. naive *(naive, einfältig)*

sincere 1. honest *(aufrichtig)*
2. upstanding *(tüchtig)*

to sing 1. hum *(summen)*
2. whistle *(pfeifen)*
3. (bird) chirp *(zwitschern)*
4. croon *(schmalzig singen)*

single 1. only *(einzige, einziger, einziges)*
2. unmarried *(ledig)*

single ticket *US* one-way ticket *(Einzelfahrkarte)*

to sit down 1. take/have a seat *(Platz nehmen)*
2. accomodate *(bequem machen)*

1. state of affairs *(Lage)* **situation**
2. position *(Lage, Position)*
3. circumstances *(Umstände)*

1. extent, magnitude *(Ausmaß)* **size**
2. height *(Größe, Höhe)*

1. ability *(Fähigkeit)* **skill**
2. talent *(Begabung)*

1. complexion *(Teint)* **skin**
2. membrane *(Häutchen)*
3. (of fruit) peel *(abgeschälte Schale)*

1. lingo *(Jargon)* **slang**
2. vernacular *(Umgangssprache)*

1. doze, snooze *(dösen)* **to sleep**
2. slumber *(schlummern)*

sb nap *(Nickerchen)* **sleep**

1. go/be on a diet *(Diät machen)* **to slim**
2. lose weight *(abnehmen)*

1. slender *(schlank)* **slim**
2. thin *(dünn)*

1. (Auto) skid *(rutschen)* **to slip**
2. slide *(gleiten)*

1. incline *(Neigung)* **slope**
2. gradient *(Steigung, Gefälle)*

1. gradual *(allmählich)* **slow**
2. unhurried *(gemächlich)*
3. stupid *(begriffsstutzig)*

◄ Hinweis

Gradual ist neutral, **unhurried** und **slow** können negative Konnotationen haben. **Stupid** ist natürlich nicht sehr positiv.

1. crafty *(schlau)* **sly**
2. cunning *(gerissen)*

small
1. (person) short *(klein)*
2. little *(klein)*
3. tiny *(winzig)*
4. slight *(gering)*

smart
1. intelligent *(intelligent)*
2. clever *(clever)*
3. bright *(schlau)*
4. fashionable, stylish

to smell
1. sniff *(schnuppern)*
2. inhale *(inhalieren)*
3. stink, reek *(stinken)*

smell
1. odour *(Geruch)*
2. aroma *(Aroma)*
3. scent *(Duft)*
4. stench *(Gestank)*

Hinweis ►

Scent bezieht sich auf Parfüm, **aroma** sehr oft auf Essen, **odour** und **stench** sind negative Begriffe für schlechte Gerüche.

to smile
1. grin *(grinsen)*
2. smirk *(süffisant lächeln)*

smoke
1. fumes *(Dämpfe, Abgase)*
2. exhaust fumes *(Abgas)*
3. smog *(Smog)*

smooth
1. even *(eben)*
2. soft *(weich)*
3. slick *(aalglatt)*

snow
1. sleet *(Schneeregen)*
2. blizzard *(Schneesturm)*
3. snowfall *(Schneefall)*

social
1. sociable *(gesellig)*
2. communal *(gemeinschaftlich)*
3. friendly *(freundlich)*

society
1. community *(Gemeinschaft)*
2. association *(Verein)*

1. smooth *(glatt)* — **soft**
2. quiet *(leise)*
3. gentle *(sanft)*

1. hard, firm, stable *(fest, stabil)* — **solid**
2. (gold) pure *(rein)*

1. a little *(ein wenig)* — **some**
2. a few *(einige, ein paar)*
3. certain *(manche, gewisse)*

1. now and again *(hin und wieder)* — **sometimes**
2. once in a while *(ab und zu)*
3. from time to time *(von Zeit zu Zeit)*
4. occasionally *(gelegentlich)*

1. hymn *(Hymne)* — **song**
2. carol *(Weihnachtslied)*
3. lullaby *(Wiegenlied)*
4. ballad *(Ballade)*

1. early *(früh)* — **soon**
2. quickly *(schnell)*
3. before long *(bald)*

1. sad *(traurig)* — **sorry**
2. pitiful *(bemitleidenswert)*
3. pathetic *(erbärmlich)*
4. regretful *(bedauernd)*

1. kind *(Art)* — **sort**
2. type *(Sorte)*

1. conscience *(Gewissen)* — **soul**
2. heart *(Herz)*
3. feeling *(Gefühl)*
4. spirit *(Geist)*

Hinweis

Soul ist ein religiöses Wort, **spirit** bedeutet *Geist* auch im Sinne von *Wesen*. **Conscience** bedeutet *Gewissen*, **heart** verwendet man genauso wie im Deutschen.

1. *sb* noise *(Geräusch)* — **sound**
2. thud *(dumpfes Geräusch)*

3. din, row *(Krach)*
4. bang, crash *(Schlag)*
5. volume *(Lautstärke)*
6. *adj* healthy *(gesund)*
7. dependable *(verlässlich)*
8. thorough *(gründlich)*

source
1. spring *(Quelle)*
2. origin *(Ursprung)*

space
1. room *(Raum, Platz)*
2. gap *(Lücke)*
3. outer space *(Weltraum)*

spare time
1. free time *(Freizeit)*
2. leisure *(Freizeit)*

to speak to
1. talk to s.o. *(mit jdm reden)*
2. converse with s.o. *(sich mit jdm unterhalten)*
3. have a conversation with s.o. *(sich mit jdm unterhalten)*
4. chat to s.o., have a chat with s.o. *(mit jdm plaudern)*

special
1. *adj* particular *(besondere, besonderer, besonderes)*
2. specific *(bestimmt, speziell)*
3. exceptional *(außergewöhnlich)*
4. unique *(einzigartig)*

speech
1. language *(Sprache)*
2. dialect, slang *(Dialekt, Slang)*
3. talk *(Vortrag)*

speed
1. velocity *(Geschwindigkeit)*
2. acceleration *(Beschleunigung)*
3. *TECH* gear *(Gang)*

speedy
1. fast *(schnell)*
2. rapid *(rasch)*

to spend
1. (energy) use *(verbrauchen)*
2. (time) pass *(verbringen)*
3. (time, money) waste *(verschwenden)*

spirit
1. soul *(Seele)*
2. ghost *(Gespenst)*

1. seperate *(trennen)* **to split**
2. divide *(spalten)*

1. ruin *(ruinieren)* **to spoil**
2. pamper *(verwöhnen, verhätscheln)*
3. decay, turn bad

1. place *(Stelle, Ort)* **spot**
2. mark *(Fleck)*
3. dot *(Tupfen)*
4. point *(Punkt)*
5. pimple *(Pickel)*

1. extend *(sich ausbreiten)* **to spread**
2. scatter, strew *(streuen)*

1. source *(Quelle)* **spring**
2. leap *(Sprung)*

1. four-sided *(vierseitig)* **square**
2. (deal) fair *(gerecht)*
3. (meal) decent *(ordentlich)*
4. (person) straight *(spießig)*

1. phase *(Phase)* **stage**
2. step *(Schritt)*
3. (theatre) set

1. put up with *(aushalten)* **to stand**
2. get up *(aufstehen)*

1. get up (from sitting) *(aufstehen)* **to stand up**
2. arise *(sich erheben)*

◄ Hinweis

Stand up bedeutet *nicht* morgens aufstehen; dazu sagt man **get up** oder **arise**.

1. beginning *(Anfang)* **start**
2. initiate *(initiieren)*
3. commence *(beginnen)*

1. condition *(Zustand)* **state**
2. nation *(Nation)*
3. government, *US* administration *(Regierung)*

station
1. bus station *(Busbahnhof)*
2. terminus *(Endstation)*
3. main station *(Hauptbahnhof)*

to stay
1. wait *(warten)*
2. remain *(bleiben)*

stay
1. visit *(Besuch)*
2. stop *(kurzer Aufenthalt)*

steady
1. firm *(fest)*
2. constant *(ständig)*
3. reliable *(zuverlässig)*

to steal
1. *fam* pinch, nick *(klauen)*
2. rob *(bestehlen)*
3. shoplift *(aus einem Laden stehlen)*

to steer
1. drive *(fahren)*
2. (ship) navigate *(steuern)*
3. (plane) fly *(fliegen)*

to step
1. tread *(treten)*
2. plod *(stapfen)*
3. stride *(schreiten)*

Hinweis ▶

Step benutzt man oft im übertragenen Sinne. **Step in** bedeutet *eingreifen*, **step down** oder **step aside** *zurücktreten*, **step up** *steigern*. **Step up the pace** *die Geschwindigkeit steigern*.

to stick
1. (with glue) glue *(kleben)*
2. (door) jam *(klemmen)*
3. become caught *(stecken bleiben)*

stick
twig *(Zweig)*

stiff
1. rigid *(steif)*
2. (exam) difficult *(schwierig)*
3. (competition) hard *(hart)*
4. (drink) strong *(stark)*

still
1. *adj* calm *(ruhig)*
2. quiet *(ruhig)*

3. motionless *(bewegungslos)*
4. *adv* nevertheless *(trotzdem)*
5. *conj* however *(dennoch)*

stomach
1. belly *(Bauch)*
2. *fam* tummy *(Magen)*

stone
1. rock *(Felsen, Gestein)*
2. boulder *(Felsbrocken)*
3. pebble *(Kieselstein)*

to stop
1. finish *(aufhören)*
2. halt *(anhalten)*
3. interrupt *(unterbrechen)*

to store
1. keep *(behalten)*
2. save *(aufbewahren)*

store
1. shop *(Laden)*
2. stock *(Vorrat)*
3. (-s) supplies *(Vorräte)*
4. warehouse *(Lagerhalle)*
5. memory *(Speicher)*

storm
1. thunderstorm *(Gewitter)*
2. gale *(Sturm, starker Wind)*
3. *LIT* tempest *(Sturm)*

story
1. tale *(Geschichte)*
2. fairy tale *(Märchen)*
3. (newspaper) article *(Artikel)*
4. plot *(Handlung)*

straight
1. upright *(aufrecht)*
2. (thinking) clear *(klar)*
3. (answer) frank, honest *(offen, ehrlich)*
4. *fam* square *(spießig)*

stranger
1. newcomer *(Neuankömmling)*
2. foreigner *(Ausländer)*

stream
1. brook *(Bach)*
2. river *(Fluss)*
3. current *(Strömung)*

street
1. road *(Straße – außerhalb einer Stadt)*
2. main street *(Hauptstraße)*
3. side street *(Nebenstraße)*
4. cul-de-sac, dead-end street *(Sackgasse)*
5. lane, alley *(Gasse)*
6. boulevard *(Boulevard)*

strength
1. power *(Kraft)*
2. force *(Kraft)*

to stretch
1. extend *(sich strecken)*
2. lengthen *(sich verlängern)*

to strike
1. hit *(schlagen)*
2. punch *(mit der Faust schlagen)*
3. occur to *(in den Sinn kommen)*

strong
1. vigorous *(kräftig)*
2. healthy *(gesund)*
3. (argument) convincing *(überzeugend)*

to struggle
1. fight *(kämpfen)*
2. (with a problem) grapple with *(sich herumschlagen mit)*
3. strive *(sich bemühen)*
4. (financially) be in difficulties *(in Schwierigkeiten sein)*

student
1. pupil *(Schüler)*
2. schoolboy/girl *(Schuljunge/mädchen)*
3. undergraduate *(Student(in))*

Hinweis ▶
Student benutzt man meistens für *Studierende an der Universität* (außer in den USA), **pupil** und **schoolboy/girl** bedeutet *Schüler(in)*.

to study
1. learn *(lernen)*
2. (a subject) read *(ein Fach auf einer Universität studieren)*
3. observe *(beobachten)*

stupid
1. foolish *(dumm)*
2. *inf* thick *(dumm)*
3. silly *(albern)*

subject
1. *POL* citizen *(Staatsbürger)*
2. topic *(Thema)*

3. discipline *(Studienfach)*
4. object *(Gegenstand)*
5. (of an experiment) object *(Versuchsobjekt)*

to succeed
1. be successful *(erfolgreich sein)*
2. manage to do sth *(es schaffen etw zu tun)*
3. come after/next *(folgen)*

sudden
1. abrupt *(plötzlich)*
2. unexpected *(unerwartet)*

to suffer
1. be in pain *(Schmerzen haben)*
2. tolerate *(dulden)*

to suggest
1. propose *(vorschlagen)*
2. recommend *(empfehlen)*
3. indicate *(hindeuten auf)*

suggestion
1. proposal *(Vorschlag)*
2. recommendation *(Empfehlung)*
3. advice *(Rat)*

to suit
1. be suitable *(geeignet sein)*
2. please *(gefallen)*

sunny
fine, fair *(heiter)*

super
1. great *(großartig)*
2. fantastic *(fantastisch)*
3. excellent *(hervorragend)*
4. wonderful, marvellous *(wundervoll, wunderbar)*

◄ Hinweis

Excellent und **great** sind viel gebräuchlicher als **marvellous** oder **wonderful.**

to supply
1. deliver *(liefern)*
2. provide *(versorgen)*

supply
1. delivery *(Lieferung)*
2. stock *(Vorrat)*

support
1. assistance *(Hilfe)*
2. backing *(Unterstützung)*
3. *FIN* subsidy *(Subvention)*

to suppose 1. assume *(annehmen)*
2. imagine *(sich vorstellen)*
3. think, believe *(glauben)*

sure 1. *adj* certain *(sicher, gewiss)*
2. safe *(sicher)*
3. definite *(sicher)*

to surprise 1. catch unawares *(überrumpeln)*
2. astonish *(erstaunen)*
3. shock *(erschrecken)*

surprise astonishment *(Überraschung)*

suspicious 1. doubtful *(zweifelhaft)*
2. sceptical *(skeptisch)*
3. mistrustful, distrustful *(misstrauisch)*

to sweat perspire *(transpirieren)*

sweet 1. *adj* sugared *(mit Zucker)*
2. kind *(lieb)*
3. *sb* dessert *(Nachtisch)*
4. *US* candy *(Bonbon)*

to swing rock *(schaukeln)*

to switch exchange *(tauschen)*

to switch off turn off *(ausschalten)*

to switch on 1. turn on *(anmachen)*
2. put on *(einschalten)*

sympathy 1. compassion *(Mitgefühl)*
2. pity *(Mitleid)*
3. condolence(s) *(Beileid)*
4. understanding *(Verständnis)*

system 1. method *(Methode)*
2. process *(Verfahren)*

systematic 1. methodical *(methodisch)*
2. organised *(organisiert)*

T

to take

1. remove *(entfernen)*
2. steal *(stehlen)*
3. carry *(tragen)*
4. accompany *(begleiten)*
5. seize *(ergreifen)*
6. (a course) do *(machen)*
7. (an examination) sit *(teilnehmen)*
8. assume *(annehmen)*
9. require *(brauchen)*
10. put up with, tolerate *(vertragen, aushalten)*

to take off

1. (clothes) undress *(sich ausziehen)*
2. (aeroplane) start *(abfliegen)*
3. leave *(weggehen)*
4. *fam* ridicule *(lächerlich machen)*

to talk

1. speak *(sprechen)*
2. converse *(sich unterhalten)*
3. discuss *(reden über)*
4. chat *(plaudern)*
5. gossip *(klatschen)*

talk

1. conversation *(Gespräch)*
2. (academic) lecture *(Vorlesung)*
3. (business) presentation *(Vortrag)*
4. chat *(Plauderei)*
5. gossip *(Klatsch)*

to talk over

discuss, confer *(besprechen)*

tall

1. big *(groß)*
2. high *(hoch)*

task

1. job *(Arbeit, Aufgabe)*
2. duty *(Pflicht)*
3. responsibility *(Verantwortung, Verpflichtung)*

to taste

1. try *(probieren)*
2. (wine) test *(verkosten)*

taste

1. flavour *(Geschmack)*
2. liking *(Vorliebe)*

to teach

1. hold classes *(Unterricht geben)*
2. educate *(erziehen, ausbilden)*
3. instruct *(unterrichten)*
4. train *(trainieren, ausbilden)*
5. coach *(trainieren, Nachhilfe geben)*
6. lecture *(eine Vorlesung/Vorlesungen halten)*

teacher

1. educator *(Erzieher)*
2. instructor *(Lehrer)*
3. trainer, coach *(Trainer)*
4. lecturer *(Dozent)*
5. professor *(Professor)*
6. tutor *(Nachhilfelehrer)*

to tear

1. rip *(reißen, zerreißen)*
2. pull apart *(auseinander ziehen)*

to tell

1. relate *(erzählen)*
2. narrate *(schildern)*
3. inform *(informieren)*
4. say sth to s.o. *(jdm etw sagen)*

tender

1. gentle *(zärtlich)*
2. soft *(sanft)*
3. loving *(liebevoll)*
4. delicate *(delikat, mit Vorsicht zu behandeln)*

term

1. period *(Zeitraum)*
2. sentence *(Gefängnisstrafe)*
3. semester, trimester *(Trimester)*
4. (-s) conditions *(Bedingungen)*
5. (-s) relations *(Beziehungen)*

terrible

1. awful *(furchtbar, eklig)*
2. horrible *(fürchterlich)*
3. dreadful *(schrecklich)*

to test

1. try *(probieren)*
2. check *(kontrollieren)*
3. examine *(prüfen, untersuchen)*

test

1. exam, examination *(Prüfung)*
2. check *(Kontrolle)*
3. trial *(Versuch, Probe)*

be grateful *(dankbar sein)* **to thank**

then

1. next *(als nächstes)*
2. afterwards *(danach)*
3. in those days *(damals)*

now and then

1. from time to time *(von Zeit zu Zeit)*
2. now and again *(hin und wieder)*

therefore

1. so *(also)*
2. thus *(somit)*

thief

1. robber *(Räuber)*
2. burglar *(Einbrecher)*
3. shoplifter *(Ladendieb)*
4. pickpocket *(Taschendieb)*

thin

1. slim, slender *(schlank)*
2. *fam* skinny *(dürr)*

thing

1. object *(Gegenstand)*
2. article *(Artikel)*
3. item *(Stück, Sache)*
4. matter *(Sache)*
5. (-s) belongings *(Sachen)*

to think

1. believe *(glauben)*
2. be of the opinion *(der Meinung sein)*
3. consider *(halten für)*
4. imagine *(sich vorstellen)*
5. reflect *(überlegen)*

to think about

1. consider *(nachdenken über)*
2. intend *(vorhaben)*

thorough

1. careful *(sorgfältig)*
2. complete *(völlig)*

though

1. although *(obwohl)*
2. in spite of the fact that *(obwohl)*

thought

1. idea *(Idee)*
2. opinion *(Meinung)*
3. notion *(Einfall)*

to threaten

1. warn, caution *(warnen)*
2. blackmail *(erpressen)*
3. terrify *(Furcht einflößen)*

to throw

1. *fam* chuck *(schmeißen)*
2. hurl *(schleudern)*
3. disconcert *(aus der Fassung bringen)*

tidy

1. orderly *(ordentlich)*
2. clean *(sauber)*
3. smart *(gepflegt)*
4. (sum) considerable *(beträchtlich)*

Hinweis ▶

Tidy sum bedeutet *eine Stange Geld*. Man sagt auch **a pretty penny** oder **a fair whack** in diesem Zusammenhang.

to tie

1. bind *(binden)*
2. fasten *(festmachen, zuschnüren)*
3. link, connect *(verbinden)*

tie

1. bow tie *(Fliege)*
2. draw *(unentschieden)*
3. match *(Partie)*

tight

1. (clothes) close-fitting *(enganliegend)*
2. (screw) stiff *(fest angezogen)*
3. taut *(gespannt, straff)*
4. (space) cramped *(eng, beschränkt)*
5. (with money) mean *(geizig)*
6. drunk *(betrunken)*

time

1. moment *(Augenblick)*
2. period *(Zeitraum)*
3. (of the year) season *(Jahreszeit)*
4. era, age *(Zeitalter)*
5. rhythm *(Takt)*

tired

1. sleepy *(schläfrig)*
2. dozy *(verschlafen)*
3. exhausted *(erschöpft)*

tiring

1. strenuous *(anstrengend, ermüdend)*
2. exhausting *(erschöpfend)*

together

1. collectively, jointly *(zusammen, miteinander)*
2. in common *(gemeinsam)*
3. altogether *(insgesamt)*

toilet

1. lavatory *(Toilette)*
2. public convenience *(öffentliche Toilette)*
3. (*US*: in a private home) bathroom *(Toilette)*
4. (*US*: in a restaurant) restroom *(Toilette)*

too

1. also *(auch)*
2. as well *(ebenfalls)*

tool

1. instrument *(Instrument)*
2. utensil *(Utensil)*
3. medium, accomplice *(Mitschuldige(r))*

top

1. *adj* upper *(obere, oberer, oberes)*
2. highest *(oberste, oberster, oberstes)*
3. best *(beste, bester, bestes)*
4. *sb* (of a house) roof *(Dach)*
5. (of a mountain) summit, peak *(Gipfel)*
6. (of a jar) lid *(Deckel)*

to touch

1. feel *(fühlen)*
2. grasp *(anfassen)*
3. (emotionally) move *(bewegen)*
4. caress *(streicheln)*

keep in touch

keep in contact *(in Verbindung bleiben)*

tough

1. (person) hard *(hart)*
2. (district) rough *(rau)*
3. difficult *(schwierig)*

tour

1. trip *(Reise, Fahrt)*
2. journey *(Reise, Fahrt)*
3. guided tour *(Führung)*

tourist

1. traveller *(Reisender)*
2. visitor *(Besucher)*
3. holiday-maker *(Urlauber)*

town

1. city *(Stadt, Großstadt)*
2. metropolis *(Weltstadt)*

toy
1. plaything *(Spielzeug)*
2. game *(Spiel)*

to trade in
1. deal in *(handeln mit)*
2. part-exchange *(eintauschen, etwas in Zahlung geben)*

trade
1. commerce *(Handel)*
2. business *(Geschäft)*
3. branch, line of business *(Branche)*

to train
1. practise *(üben)*
2. educate *(erziehen)*
3. coach *(trainieren)*
4. (for a profession) study *(studieren)*

train
1. railway *(Eisenbahn)*
2. (camels) caravan *(Karavane)*

to travel
1. go *(gehen, fahren)*
2. (by car) drive *(Auto fahren)*
3. (by plane) fly *(fliegen)*
4. (by ship) sail *(mit dem Schiff fahren)*
5. make a journey *(eine Reise machen)*

Hinweis

Drive wird nur gebraucht, wenn man selbst am Steuer sitzt. Deswegen sagt man **I went by bus.** – *Ich bin mit dem Bus gefahren.*

to treat
1. (people) behave towards *(verhalten gegenüber)*
2. (things) handle *(behandeln)*
3. *MED* cure *(heilen)*

treatment
1. *MED* cure *(Heilverfahren)*
2. dealings *(Umgang)*
3. *TECH* processing *(Verarbeitung)*

trial
1. *JUR* court case *(Rechtsfall)*
2. *JUR* legal proceedings *(Gerichtsverfahren)*
3. *JUR* Hearing *(Zivilprozess)*
4. test *(Versuch, Probe)*

trick
1. illusion *(Illusion)*
2. trap *(Falle)*
3. prank *(Streich)*

trip

1. journey *(Fahrt, Reise)*
2. excursion, outing *(Ausflug)*
3. tour *(Rundreise)*

to trouble

1. disturb *(stören)*
2. worry *(beunruhigen)*
3. bother *(Sorgen machen)*
4. annoy *(nerven)*

trousers

1. slacks *(Hose)*
2. jeans *(Jeans)*
3. shorts *(Shorts)*
4. *US* pants *(Hose)*

Hinweis

Slacks ist etwas altmodisches Englisch, **pants** nennt man im britischen Englisch *Unterhosen*.

true

1. truthful *(wahrheitsgetreu)*
2. right *(richtig)*
3. real, genuine *(echt)*
4. faithful *(treu)*
5. accurate *(getreu)*

to trust

1. believe in *(glauben an)*
2. rely on *(sich verlassen auf)*
3. have confidence in *(Vertrauen haben in)*
4. count on *(zählen auf)*

trust

1. confidence *(Vertrauen)*
2. belief *(Glaube)*
3. reliance *(Zutrauen)*

truth

1. reality *(Wirklichkeit)*
2. fact *(Tatsache)*
3. (of a statement) truthfulness *(Wahrheit)*

to try

1. attempt *(versuchen)*
2. make an effort *(sich bemühen)*
3. (food) taste, sample *(kosten)*
4. test *(probieren)*

tube

1. pipe *(Rohr)*
2. underground *(U-Bahn in London)*
3. *BE fam* television *(Fernseher)*

Hinweis ▶ **Tube** bedeutet hauptsächlich *Tube*. **The tube** heißt nur die *U-Bahn in London*, zu allen anderen U-Bahnen sagt man **underground** und in den USA **subway.**

tune
1. melody *(Melodie)*
2. song *(Lied)*

to turn
1. revolve *(sich drehen)*
2. rotate *(rotieren)*
3. spin *(schnell drehen)*
4. swing *(mit Schwung drehen)*
5. roll *(rollen)*
6. twist *(drehen, wickeln)*
7. become *(werden)*

to turn off
switch off *(ausschalten)*

to turn on
1. switch on *(einschalten)*
2. excite, thrill *(anmachen, erregen)*

to turn up
appear, attend *(erscheinen)*

type
1. kind *(Art)*
2. sort *(Sorte)*

U

ugly
1. hideous *(scheußlich)*
2. plain *(unansehnlich)*
3. unpleasant *(unangenehm)*
4. mean *(gemein)*
5. unattractive *(hässlich)*
6. (situation) threatening *(unangenehm)*

unable
incapable *(unfähig)*

under
1. *prep* beneath, below *(unter)*
2. underneath *(unterhalb, adv darunter)*
3. less than *(weniger als)*
4. *adv* beneath *(unten)*

underground
1. tube *(U-Bahn in London)*
2. metro *(U-Bahn in z.B. Glasgow)*

3. *US* subway *(U-Bahn)*
4. subterranean *(unterirdisch)*

underneath

1. *prep* under *(unter)*
2. below *(unter)*
3. beneath *(unter)*

to understand

1. comprehend *(verstehen)*
2. *fam* get *(kapieren)*
3. grasp *(begreifen)*
4. see *(verstehen)*
5. believe *(glauben)*
6. hear *(hören)*
7. catch *(verstehen, hören)*

unemployed

1. jobless, out of work *(ohne Arbeit)*
2. unused *(ungenutzt)*
3. redundant *(arbeitslos, entlassen)*

unhappy

1. sad *(traurig)*
2. miserable *(bedrückt)*
3. depressed *(deprimiert)*

unhealthy

1. sick, ill *(krank)*
2. unwell *(unwohl)*
3. (influence) bad *(schlecht)*
4. dangerous *(ungesund, gefährlich)*

union

1. unity *(Einheit)*
2. association *(Vereinigung)*
3. harmony *(Eintracht, Harmonie)*
4. junction *(Verbindung, Vereinigung, Kreuzung)*
5. marriage *(Verbindung, Heirat)*

to unite

1. join *(vereinigen)*
2. combine *(verbinden)*
3. bring together *(zusammenbringen)*
4. unify *(vereinigen)*

unknown

1. strange *(fremd)*
2. new *(neu)*

unusual

1. uncommon *(ungewöhnlich)*
2. exceptional *(außergewöhnlich)*

3. extraordinary *(außerordentlich)*
4. different *(anders, ungewöhnlich)*

urgent

1. important *(wichtig)*
2. emergency *(Not ...)*
3. pressing *(dringend)*
4. insistent *(dringlich)*

to use

1. utilise *(verwenden, benutzen)*
2. employ *(anwenden)*
3. apply *(anwenden)*
4. take advantage of *(ausnutzen)*

to use up

1. finish *(aufbrauchen)*
2. consume *(verbrauchen)*
3. empty *(aufbrauchen)*

used

second hand *(aus zweiter Hand)*

to be used to

be accustomed to *(etw gewohnt sein)*

useful

1. practical, handy *(praktisch)*
2. convenient *(zweckmäßig)*
3. functional *(funktionell)*

useless

1. unusable *(unbrauchbar)*
2. ineffective *(wirkungslos)*
3. pointless *(zwecklos)*
4. hopeless *(hoffnungslos)*

usual

1. normal *(normal)*
2. customary *(üblich)*
3. common, ordinary *(gewöhnlich)*

V

vacation

holiday *(Urlaub, Ferien)*

Hinweis ►

Vacation sagt man in den USA, **to go on holiday** in Großbritannien.

valuable

1. priceless *(unschätzbar)*
2. costly *(kostspielig)*

3. useful *(nützlich)*
4. expensive *(teuer)*

variety

1. change *(Abwechslung)*
2. choice *(Auswahl)*
3. selection *(Auswahl)*

various

1. several *(mehrere, verschiedene)*
2. different *(verschieden)*

vegetables

greens *(Grüngemüse)*

very

1. *adv* rather *(ziemlich)*
2. *fam* ever so *(sehr)*
3. extremely *(höchst)*
4. exactly *(genau)*

victory

1. win *(Gewinn)*
2. triumph

to view

1. look at *(anschauen)*
2. look over *(besichtigen)*
3. see *(ansehen)*
4. consider *(betrachten)*

view

1. sight *(Sicht, Aussicht)*
2. landscape
3. point of view *(Ansicht)*
4. opinion *(Meinung)*
5. prospect *(Zukunftsaussicht)*

violent

1. brutal *(brutal)*
2. (storm) strong *(stark)*
3. (affair) passionate *(leidenschaftlich)*

to visit

1. (the doctor) see *(besuchen)*
2. call on s.o. *(bei jdm vorbeischauen)*
3. go to *(fahren nach)*

visit

1. stay *(Aufenthalt)*
2. call on *(Besuch)*

visitor

1. guest *(Gast)*
2. tourist *(Tourist)*

to vote — elect *(wählen)*

vote — poll, election *(Wahl)*

W

wages
1. pay *(Bezahlung)*
2. salary *(Gehalt)*
3. income *(Einkommen)*
4. money *(Geld)*
5. earnings *(Verdienst, Ertrag, Einkünfte)*
6. payment *(Bezahlung)*

to wait
1. stay *(bleiben)*
2. *fam* hang on, hold on *(warten)*
3. (for s.o.) expect *(erwarten)*

Hinweis ► **To wait on s.o.** heißt *jdn bedienen*. **Hang on!** bedeutet *Warte eine Sekunde*. **Expect** bedeutet *erwarten*.

to walk
1. stroll *(schlendern, bummeln)*
2. hike, ramble *(wandern)*
3. tiptoe *(auf Zehenspitzen gehen)*

walk
1. stroll *(Bummel)*
2. hike *(Wanderung)*

to want
1. wish *(wünschen)*
2. would like *(möchten)*
3. feel like *(Lust haben auf)*
4. desire *(wünschen, begehren)*
5. long for *(sich sehnen nach)*
6. need *(brauchen)*
7. demand *(verlangen)*

to warm
1. heat *(heizen)*
2. (to s.o.) take a liking to s.o. *(jdn sympathisch finden)*

to warm up
1. (food) heat up *(aufwärmen)*
2. get going *(in Schwung kommen)*

warm
1. mild *(mild)*
2. hot *(heiß)*

3. (welcome) hearty *(herzlich)*
4. warm-hearted *(warmherzig)*

warning

1. reminder *(Mahnung)*
2. caution *(Warnung)*
3. threat *(Drohung)*

to wash

1. have a wash *(sich waschen)*
2. bathe, have/take a bath *(baden)*
3. shower, have a shower *(duschen)*
4. do the laundry/washing *(Wäsche waschen)*

to wash up

do the dishes *(abwaschen)*

to waste

1. squander *(verschwenden, vergeuden)*
2. (money) throw down the drain *(zum Fenster hinaus werfen)*
3. spoil *(vergeuden, verderben)*

waste

1. rubbish *(Abfall)*
2. *US* garbage *(Abfall)*
3. litter *(Abfälle)*
4. wilderness *(Wildnis)*

to watch

1. observe *(beobachten)*
2. look at *(anschauen)*
3. be careful of *(vorsichtig sein mit)*

to wave

1. sway, swing *(schwingen)*
2. blow *(wehen)*

way

1. road, street *(Straße)*
2. route *(Route)*
3. path *(Weg)*
4. direction *(Richtung)*
5. method *(Methode)*
6. manner *(Art und Weise)*
7. habit *(Gewohnheit)*

◄ Hinweis

Get out of my way bedeutet *Geh mir aus dem Weg!*
I did it my way *Ich habe es auf meine Art gemacht*.

weak

1. feeble *(schwach)*
2. frail *(zerbrechlich)*

3. ill *(krank)*
4. (tea, soup) thin *(dünn)*
5. fragile *(zerbrechlich)*

weakness
1. feebleness *(Schwäche)*
2. frailty *(Zerbrechlichkeit)*
3. weak point *(schwacher Punkt)*
4. liking *(Vorliebe)*
   I have a weakness for chocolate. *Ich habe eine Schwäche für Schokolade.*
5. (of sound, light) faintness *(Schwäche)*

wealth
1. richness *(Reichtum)*
2. affluence, prosperity *(Wohlstand)*

weapon
(-s) arms *(Waffen)*
force of arms *(Waffengewalt)*

to wear
1. have on *(anhaben)*
2. put on *(anziehen)*
3. become worn *(abgetragen werden)*

to weigh up
consider, evaluate *(erwägen)*

weight
1. heaviness *(Gewicht)*
2. burden *(Last)*

to welcome
1. greet *(begrüßen)*
2. freely permit *(erlauben)*

well
1. *adj* healthy *(gesund)*
2. *adv* positively, favourably *(positiv)*
3. fortunately *(glücklich)*
4. thoroughly *(gründlich)*

wet
1. rainy *(regnerisch)*
2. damp *(feucht)*
3. moist, humid *(feucht)*
4. soaked, *fam* sopping *(durchnässt)*
5. drenched *(patschnass)*

while
1. period *(Zeitraum)*
2. time *(eine Zeit lang)*
3. moment *(Augenblick)*

4. *prep* during
5. *konj* although *(obwohl)*
6. whereas *(während)*

wide

1. broad *(breit)*
2. (eyes, choice) large *(groß)*
3. (experience) considerable *(beträchtlich)*
4. (interests) varied *(vielfältig)*

wild

1. savage *(wild)*
2. unruly *(wild, widerspenstig)*
3. riotous *(wild, randalierend)*
4. (scheme) crazy, mad *(verrückt)*
5. angry, furious *(wütend)*

to win

1. be victorious *(siegreich sein)*
2. (reputation) gain *(erwerben)*
3. (knowledge) obtain *(erwerben)*

to wind

1. turn *(drehen)*
2. twist (wirbeln)

wind

1. breeze *(Brise)*
2. gale *(Sturm)*
3. hurricane *(Orkan)*
4. breath *(Atem, Luft)*

windy

1. breezy *(windig)*
2. gusty *(böig)*

to wipe

1. clean *(putzen)*
2. dust *(abstauben)*
3. sponge *(mit einem Schwamm abwischen)*

wise

1. clever *(klug)*
2. prudent *(umsichtig)*
3. sensible *(vernünftig)*
4. profound *(tiefsinnig)*
5. knowledgeable *(kenntnisreich, mit großem Wissen)*

to wish

1. want *(wollen)*
2. would like *(möchten)*
3. desire *(wünschen)*
4. long for *(sich sehnen nach)*

to witness
1. see *(sehen)*
2. observe *(beobachten)*
3. *JUR* testify *(bezeugen)*

witness
1. eyewitness *(Augenzeuge)*
2. observer *(Beobachter)*
3. onlooker *(Zuschauer)*

woman
1. lady *(Dame)*
2. wife *(Ehefrau)*
3. mistress *(Geliebte)*

to wonder
1. be curious *(neugierig sein)*
2. ask oneself *(sich fragen)*
3. speculate *(Vermutungen anstellen)*
4. be surprised *(überrascht sein)*

wonder
1. astonishment *(Erstaunen)*
2. amazement *(Verwunderung)*
3. miracle *(Wunder)*

wonderful
1. marvellous *(wunderbar)*
2. beautiful *(wunderschön)*
3. impressive *(beeindruckend)*
4. remarkable *(bemerkenswert)*
5. fantastic *(fantastisch)*
6. amazing *(erstaunlich)*
7. breathtaking *(atemberaubend)*

wood (land)
1. forest *(Wald, Forst)*
2. copse *(Gebüsch)*

word
1. expression *(Ausdruck)*
2. term *(Fachausdruck)*
3. (-s) vocabulary *(Vokabeln, Wortschatz)*
4. remark *(Bemerkung)*
5. chat *(kurzes Gespräch)*
6. message, news *(Nachricht)*
7. promise *(Versprechen)*

to work
1. be employed *(angestellt sein)*
2. toil *(sich abplagen)*
3. (auch Maschinen) function, operate, run *(funktionieren, laufen)*

4. (relationship) succeed *(gelingen)*
5. (medicine) be effective *(wirken)*
6. (mine) exploit *(ausbeuten)*
7. (land) cultivate *(bearbeiten)*

work

1. labour, job *(Arbeit, Stelle)*
2. employment *(Anstellung, Arbeit)*
3. task *(Aufgabe)*
4. chores *(Hausarbeit, lästige Arbeiten)*

worker

1. employee *(Angestellter)*
2. labourer *(Arbeiter)*
3. hired hand *(Hilfsarbeiter, Lohnarbeiter)*

Hinweis

Employee bedeutet *Angestellter*, **labourer** *ungelernter Arbeiter*, **hired hand** verwendet man hauptsächlich im Bezug auf *Landarbeiter*.

to worry

1. bother *(sich sorgen)*
2. concern *(Sorgen machen)*
3. trouble *(beunruhigen)*

worry

1. care *(Kummer)*
2. trouble *(Ärger)*
3. anxiety

worthless

1. valueless *(wertlos)*
2. (person) good-for-nothing *(nichtsnutzig)*

to wound

1. injure *(verletzen)*
2. hurt *(jmd schaden)*

to wrap

pack *(einpacken)*

to write

1. sign *(unterschreiben)*
2. type *(Schreibmaschine schreiben)*
3. correspond *(korrespondieren)*
4. scribble *(kritzeln)*

writer

1. author *(Autor)*
2. novelist *(Romanschriftsteller)*
3. poet *(Dichter)*
4. playwright *(Dramatiker)*
5. journalist *(Journalist)*

wrong

1. false *(falsch)*
2. untrue *(unwahr)*
3. mistaken *(falsch)*
4. unfair *(ungerecht)*

X/Y/Z

to xerox

photocopy *(fotokopieren)*

to yank

1. jerk *(zerren)*
2. tug *(ziehen)*

to yap

1. bark *(kläffen)*
2. jabber *(plappern)*

yearly

annually *(jährlich)*

to yearn for

long for *(sich sehnen nach)*

to yell

1. scream *(schreien)*
2. shout (*rufen)*

Hinweis ▶

Yell und **scream** bedeuten *schreien* und **shout** *rufen*. **Roar** bedeutet *brüllen* und wird auch im Bezug auf Tiere verwendet.

yes

yeah, *fam* aye *(ja)*

yet

1. thus far *(bisher)*
2. still *(noch)*
3. *konj* in spite of, despite *(dennoch)*

young

1. new *(neu)*
2. youthful *(jugendlich)*

youth

1. youngster *(Junge, Kind)*
2. teenager *(Teenager)*
3. adolescent *(Jugenliche)*

zero

1. nought *(Null)*
2. (phone *GB*) oh *(Null)*
3. (football) nil *(Null)*
4. (tennis only) love *(Null)*